Hallo Leserinnen und Leser,

Die bisher geschriebenen kleinen Ratgeber habe ich nun in diesem Buch zusammengefasst.

Viel Spaß wünsche ich bei den Inhalten:

Jörg Bernhard

Die Liebe und das lieblose Ende

Vom Beginn zum Ende einer Beziehung
Ratgeber zur Trennungsbewältigung

Du merkst, dass deine Beziehung bzw. deine Ehe zu scheitern beginnt?
Die Trennung kommt, oder es ist schon so weit?
Wie geht es jetzt für dich weiter?

Du musst die Gründe verstehen, die zur Trennung führten. Dann kannst du wieder zielorientiert deinen Alltag bewältigen, ohne in die Krise zu stürzen.

Die Liebe und das lieblose Ende

Vom Beginn zum Ende einer Beziehung
Ratgeber zur Trennungsbewältigung

Vorwort

Heute beginnt der erste Tag

für den Rest

deines Lebens

(Nicolas Cage)

Mein Name ist Jörg Bernhard, ich wurde im November 1976 in Forchheim (Oberfranken) geboren.

Nach meiner Ausbildung zum Mechaniker studierte ich Technische Betriebswirtschaftslehre sowie Persönlichkeits- und Betriebspsychologie.

Ich war viele erfahrungsvolle Jahre in den o. g. Bereichen tätig, hauptsächlich als psychologischer Berater und Coach. Seit ein paar Jahren schreibe ich Ratgeber zu verschiedenen Lebensbereichen. Hier befinden sich drei von meistverkauften in einem Buch.

Vorwort

Im Laufe des Lebens lernt man unzählige Menschen kennen.

Das Leben ist wie eine Busfahrt mit vielen Stationen. Zahlreiche Menschen steigen ein, einige bleiben sitzen. Andere haben schon zuvor im Bus gesessen – und irgendwann ist ihr Platz leer.
Neue Menschen steigen ein, und bei einem hat man plötzlich das Gefühl, dass man zusammengehört.

Man sitzt nebeneinander, fährt viele Stationen im Leben gemeinsam und ist glücklich. An der einen Station heiratet man, an der anderen kauft man sich zusammen dies und das, zieht in eine gemeinsame Wohnung usw.

Der Bus fährt weiter und weiter, es wird Tag und Nacht, die Jahre vergehen. Irgendwann kommt die Haltestelle, an der der Sitznachbar denkt, aussteigen zu müssen.
Sein Platz ist plötzlich leer, was nun?

Wer steigt als Nächster ein?

Ist Glücklichsein noch mal möglich?
Das ist die Frage des Lebens.

Der Anfang

Das Kennenlernen

Beginnen wir mit dem Kennenlernen, um zunächst diese Phase besser zu verstehen.

Den Anfang einer Beziehung können wir in der Kurzfassung beschreiben. Ausführlicher wird es später, wenn es darum geht, was während des Trennungsvorganges geschieht und wie man damit umgehen kann.

Wie lernen wir einen anderen Menschen kennen und lieben?
Die Möglichkeiten sind vielfältig. Man geht zum Beispiel einen Kaffee oder ein Bierchen trinken, shoppen, was auch immer, und dann trifft man den Menschen, mit dem man sich gut unterhält und sich sofort wohlfühlt.

Die Gefühle werden enger und man verabredet sich wieder und wieder. Es entsteht, wenn man sich mit jemandem mehrmals trifft, gegenseitiges Vertrauen.

Ist das aber nicht bei unseren Arbeitskollegen und Freunden das Gleiche?
Denk mal genau darüber nach. Anfangs verläuft das Kennenlernen mit Kollegen und Freunden sicher

ähnlich. Auch das gegenseitige Vertrauen baut sich auf diese Weise erst allmählich auf.

Man trifft sich öfters, der Bund wird enger, der Zusammenhalt wächst, es ist nicht mehr alles so oberflächlich, die Gespräche werden tiefgründiger.

In diesem Zeitraum entstehen auch die sexuellen Interessen an dem neuen Partner. Schließlich passiert es – und schon ist man so richtig verliebt.

Die gemeinsamen Stunden vergehen wie im Flug, du bist im Bann der geliebten Person. Dauernd denkst du an die gemeinsamen schönen Stunden, die Gedanken reißen nicht ab.

Ist das Verliebtsein nicht wunderschön?

All das möchte man in seinem zukünftigen Leben nicht mehr missen: umsorgt werden, geliebt werden, akzeptiert werden, die schönen intimen Stunden usw.

Tut man nicht alles, damit das Zusammenleben reibungslos verläuft?

Ja, genau, das tut man! Du versuchst, perfekt zu sein. Das Gleiche erwartest du von deinem Partner auch, und bei ihm ist es genauso.

So entsteht das Wunder der Liebe.

Endlich zusammen

Das Kennenlernen und die ersten gemeinsamen Unternehmungen verliefen harmonisch, ihr fühlt euch gemeinsam wohl.

Jetzt kannst du auch deinen Freunden und der Familie mitteilen, dass ihr ein Paar seid. Ihr habt euch gefunden, ihr liebt euch.

Ihr denkt, dass ihr für ewig gebunden bleibt. Jeder wünscht sich das.
Doch leider gibt es heutzutage nicht mehr so viele Paare, die ein Leben lang zusammenbleiben. Die Ansichten, Einstellungen, Werte und die Moral haben sich diesbezüglich verändert.
Auch Menschen verändern sich im Laufe ihres Lebens, und manchmal entwickelt man sich auseinander und in verschiedene Richtungen.

Du bist in der Anfangsphase des Verliebtseins trotzdem davon überzeugt, dass eure Liebe ewig halten wird. Du siehst in diesem Zustand möglicherweise vieles durch eine rosarote Brille.

Ihr vertieft eure Beziehung und denkt irgendwann über ein gemeinsames Zuhause nach.

Das gemeinsame Zuhause

So, nun ist es so weit, ihr habt erfolgreich ein gemeinsames Zuhause gefunden. Der Mietvertrag oder Kaufvertrag ist bereits abgeschlossen.
Es ist auch möglich, dass einer von euch beim Partner einzieht. Hauptsache, es passt.

Ihr zieht also zusammen.

Die gemeinsame Wohnung wird schön eingerichtet, jedoch gibt es bereits dabei ein paar Reibungspunkte. Du musst, genauso wie dein Partner, erste Kompromisse eingehen.

Trotzdem ist noch alles super, denn ihr habt euer neues Zuhause und Liebesnest bezogen.

Die Planungen gehen weiter, denn hier und da fehlen noch Dinge wie Mobiliar, Geschirr etc.
Da jeder seinen eigenen Geschmack und individuelle Ansichten hat, kommt es schon zu kleinen Auseinandersetzungen, welche aber in Anbetracht der großen Liebe unscheinbar gering in die Waage fallen und deshalb einfach akzeptiert werden.

Gemeinsame Anschaffungen

Wenn ihr es euch in eurem gemeinsamen Zuhause eingerichtet habt, wohnt und lebt ihr zusammen.

Ihr seid zusammen glücklich und alles funktioniert. Deshalb spricht auch nichts dagegen, ein paar größere und „teure" Anschaffungen gemeinsam zu tätigen. Die finanzielle Situation lässt dies zu, und schließlich wird für die Zukunft gekauft.

Sei es eine neue Küche oder ein neues Bad, ein Schlafzimmer, vielleicht sogar der benötigte Zweitwagen – alles kein Thema, man will sich wohlfühlen und glücklich sein.

An dieser Stelle ein kleiner Tipp von mir:
Es ist von Vorteil, bei gemeinsamen Anschaffungen die Rechnungen sorgfältig aufzubewahren. In dieser Phase denkt man natürlich noch nicht an eine mögliche Trennung, denn man baut sich ja gerade erst eine gemeinsame Zukunft auf. Aber es kann immer mal passieren, dass Geräte oder sonstige Einrichtungsgegenstände defekt sind und der Garantieanspruch noch greift.

Alles ist super

Schön, alles ist endlich eingerichtet! Du fühlst dich wohl, dein Partner auch. Eure Wohnung wird immer gemütlicher. Alles, was ihr braucht, ist vorhanden, oder wird noch nach und nach gekauft.

Viele gemeinsame Tage verbringt ihr vereint, ihr kocht zusammen, fahrt miteinander in den Urlaub, unternehmt vieles.

Beide seid ihr in den Familienkreis aufgenommen und gehört dazu.

Der Gedanke der Ehe naht. Vielleicht habt ihr auch einen Kinderwunsch? Es ist alles soweit total perfekt.

Der Sex ist gut und oft, man küsst sich, man streichelt sich, geht zusammen in die Badewanne oder Dusche.

Du kostest so richtig dein Leben aus. Wirklich ein wahrer Traum, den du gerade lebst.

Ach, wie ist alles wunderbar! Hand in Hand geht ihr durch die Tage, was kann da noch passieren?

Da wir gerade den Kinderwunsch angesprochen haben: Eine Trennung mit Kindern ist natürlich weitaus *aufreibender und anstrengender. Gerade aufgrund der vielen Fragen, die sich dann zusätzlich stellen: Bei wem wohnen die Kinder? Wie läuft die Erziehung ab? Und vieles mehr.*

Dies ist ein sehr kritisches und heikles Thema, deshalb beschreibe ich in diesem Ratgeber lediglich den Trennungsprozess an sich. Diesbezüglich bitte ich um Verständnis.

Die Gewohnheit kommt

Alles nur Gewohnheit?

Die Tage vergehen wie im Flug, wieder ist ein Jahr vorbei. Jeder geht seiner Arbeit nach. Wenn man nach Hause kommt, freut man sich auf den Partner, um den Rest des Tages zusammen zu verbringen. Sei es beim gemeinsamen Kochen, beim Radfahren oder wenn man sich zu zweit mit demselben Hobby beschäftigt.

Aber ist es nicht irgendwie ungewöhnlich, wie schnell man sich, ohne es bewusst zu spüren, verändert hat?
Bist du noch derselbe Mensch, der du vor deincr Beziehung warst?
Nein, das bist du sicher nicht mehr.
Du hast, wie dein Partner auch, eigene Interessen abgelegt und ihr habt euch gemeinsam neue Interessen aufgebaut.

Tagtäglich läuft das Leben in derselben Struktur gleichmäßig ab. Die Wochenenden werden schon im Voraus geplant oder es wird gemeinsam spontan entschieden.

Die Verbundenheit wird stärker, aber ist das jetzt nicht alles nur Gewohnheit, die gleichmäßig zirkulierende Zeit an einem Tag, in einer Woche, einem Monat, einem Jahr?

Allmählich rücken die eigenen Belange wieder in den Vordergrund, Differenzen mit dem Partner sind zu erwarten.

Aus kleinen Meinungsverschiedenheiten werden nicht selten größere. Spannung entsteht und es gibt Streit. Jetzt bemerkt man schlagartig, dass man unleugbar nur aus Liebe und Rücksicht auf den Partner verzichtet hat.

Die eigenen Vorlieben drängen sich schnell wieder in den Vordergrund, gemeinsame Unternehmungen nehmen stetig ab. Jeder geht seinen eigenen Weg.

Die Liebe lässt nach

Gefangen in der alltäglichen Gewohnheit verstreicht nun Tag für Tag. Das Intimleben wird zur Pflicht, wenn es überhaupt noch stattfindet.

Ihr kommt nach Hause, begrüßt euch kurz, strukturiert grob die Planung des Abends.
Ihr seid zwar zusammen, aber du bemerkst, dass irgendwas fehlt, irgendwas, was mal da war. Der Hauch von Romantik, Zärtlichkeit; war das die Liebe?

Wo führt euch diese Situation jetzt hin? Jeder von euch wird nun allmählich für sich in Gedanken fassen, woran es liegen könnte.

Warum ist das so?

Ganz einfach erklärt: Ihr kennt euch schon zu gut. Alles, was ihr wolltet, habt ihr im Express gemacht, um nichts zu verpassen. Jetzt wird es langweilig.

Die Ideen, das Zusammenleben abwechslungsreich zu gestalten, werden weniger und bleiben irgendwann ganz aus.

Ist es nicht schon fast wie in einer Wohngemeinschaft, die aus Menschen mit verschiedenen Ansichten besteht?

Wo ist das Prickeln, die Vertrautheit hin?

Die innere Entscheidung

Im Kopf fängt nun alles an. Du bist dir nicht sicher, ob du damals die richtige Entscheidung getroffen hast?

Ja, doch, das hast du. Aber wo ist der Partner aus der Vergangenheit? Kann man sich so verändern?

Hast du dich ebenfalls verändert, einige Ansichten und Werte deines Partners übernommen?
Also ich denke, das hast du sicher zu einem großen Teil, dein Partner übrigens auch.
Ganz unbewusst habt ihr eure Rollen fast getauscht, und doch scheint ihr keinen gemeinsamen Nenner mehr zu finden.

Viele Fragen gehen dir durch den Kopf, Tag und Nacht:
-   Habe ich alles richtig gemacht?
-   Mag mein Partner mich noch?
-   Warum leben wir fast wie getrennt?
-   Hat der Partner eine/n Neue/n?
-   Was ist hier überhaupt los?

Auch schaust du dich draußen unbewusst nach neuen Möglichkeiten um, hältst Ausschau. Es kommt dir so vor, als bräuchtest du etwas Neues, neue Erfahrungen, neuen Austausch.

Du lässt dir deine Beziehung immer und immer wieder durch den Kopf gehen und bist der Meinung, dass es so nicht weitergehen kann.

Nach und nach triffst du deinen Entschluss.

Der Chaos-Tag

Der Tag

Du hast alles immer und immer wieder geprüft, noch mal und nochmals darüber nachgedacht.

Dein Entschluss zur Trennung ist innerlich gefallen.

Alles ist durchdacht. Möglicherweise hast du schon nach einer neuen Wohnung geschaut und überlegt, was du mitnimmst, was du teilst, was du lässt.

Wie teilst du das jetzt deinem Partner mit? Vielleicht denkt dieser genauso oder hat auch schon eine innere Entscheidung getroffen, nur wagt es keiner, dies zur Aussprache zu bringen?

Du nimmst allen Mut zusammen, setzt dich mit deinem Partner an den Tisch oder auf das Sofa.

Es wird gleich ausgesprochen werden, wie wird dein Partner reagieren?

Endlich sagst du, was Sache ist.

Der Augenblick der Wahrheit, des Entschlusses liegt klar und deutlich im Raum.

Kurzer Schock

Nicht nur dein Partner, sondern auch du erleidest gerade in diesem Moment einen kurzen Schock. Es ist der Moment, in dem die ganze Liebe, die Zärtlichkeit, das gemeinsame Glück, einfach alles zerstört wird.

Jeder von euch beiden fällt innerlich zusammen, auch wenn du dein Vorhaben schon länger im Kopf hattest.

Ruhe für Minuten, Tränen, Wutausbrüche, alles ist möglich.

Zeit der Ruhe.

Suche nach dem Gespräch

Nachdem der erste Schock von beiden Seiten ein wenig verarbeitet wurde, kommen Fragen über Fragen auf.

Warum? Weshalb? Wieso?

Dein Partner möchte mit dir sprechen und auch du wirst das Gespräch suchen. Für denjenigen, der sich trennen möchte, ist schon alles verinnerlicht und im Geist geklärt.
Dennoch hat dein Partner Fragen über Fragen, wie du wahrscheinlich auch.

Bleib ruhig und locker. Solltest du die Trennung wollen, erkläre die Gründe für deinen Entschluss. Sei offen, direkt, aber nicht verletzend.
Wenn dein Partner die Trennung möchte, dann höre dir an, was er dir mitzuteilen hat.

Ihr wollt ja schließlich beide das Beste für euch, auch wenn es keine Beziehung mehr geben wird.

Im Gespräch wird dir wahrscheinlich unbewusst der Spiegel vorgehalten. Dabei erkennst du plötzlich, was du in der ganzen Zeit verkehrt gemacht hast oder was für den Partner störend war. Nimm das einfach so mit, denk darüber nach und versuche, den oder die Fehler, Macken etc. abzulegen, und arbeite daran.

Deinem Partner wird es in diesem Gespräch ähnlich ergehen, auch er wird möglicherweise mit seinen Macken oder Fehlern konfrontiert.

Das heißt aber nicht, dass eure Beziehung nun wieder funktionieren könnte, nachdem ihr euch ausgesprochen habt. Denn der Entschluss zur Trennung steht für dich (oder für deinen Partner) fest.

Auch wenn es nicht immer einfach ist, auf die eigenen Fehler hingewiesen zu werden und dann auch zu verstehen, warum sie den Partner gestört haben, nimm es erst mal so hin. Du kannst später an deinen Makeln arbeiten.

Wenn du willst, kannst du auch Freunde oder Bekannte fragen, ob ihnen eventuell diese eine oder andere Macke aufgefallen ist und wie sie das sehen.

Wenn euer Gespräch gut verläuft, alles erst mal soweit erläutert wurde, dann werdet ihr das kommende Trennungs- und Teilungschaos ruhig angehen können.

In diesem Gespräch werden wahrscheinlich auch die ersten Fragen bezüglich des weiteren Vorgehens, was die gemeinsame Wohnung oder den Hausrat betrifft, zur Sprache kommen. Aber versuche, dies auf später zu vertagen. Für die Besprechung dieser Angelegenheiten kannst du gleich einen neuen Termin mit dem Partner festlegen.

Was nun?

Wohnungssuche

Grundsätzliche Gespräche wurden geführt, eventuell habt ihr schon über die Haushaltsteilung, Finanzteilung und mehrere andere Anliegen gesprochen.

Nun musst entweder du eine neue Bleibe suchen oder dein Partner zieht aus. Möglicherweise trifft es auch euch beide, wenn keiner in der alten Wohnung bleibt.

Auf dem Wohnungsmarkt sieht es momentan nicht so toll aus und es ist schwierig, etwas Passendes zu finden.

Es kommt jetzt auf deine finanzielle Situation an. Überlege dir, wie viel du für eine Wohnung bezahlen kannst. Vergiss aber bitte die Nebenkosten und die noch hinzukommenden Kosten für Strom, Telefon etc. nicht. Wenn du eine Summe festgelegt hast, die du für die Miete ausgeben willst, kannst du gezielt auf die Suche gehen.
Überlege außerdem, ob du eine U-Bahn-, S-Bahn- oder Bus-Anbindung in deiner unmittelbaren Nähe benötigst.

Du kannst dich beispielsweise bei der örtlichen Wohnungsbau-Gesellschaft oder Genossenschaft erkundigen. Meist sind dort günstige und frisch renovierte Wohnungen zu einem akzeptablen Preis im Angebot.

Letztendlich kannst du dich auch bei Immobilienmaklern, in der Tageszeitung oder im Internet (z. B. bei Immobilienscout.de, Immonet.de) und weiteren Anbietern erkundigen.

Immobilienmakler sind auch geeignete Ansprechpartner, wenn es um den Umzug geht. Diese haben Kontakte zu seriösen Firmen, welche deinen Umzug durchführen können.

Denke aber immer daran: Der Umzug kostet Geld, und nicht alles wirst du mitnehmen können, da ihr euren Hausrat und die Wohnungseinrichtung höchstwahrscheinlich geteilt habt.

Anschaffungen müssen geleistet werden, der Umzug, die Miete und die Kaution für die neue Wohnung, Mietanteil für die alte Wohnung, ferner Nachzahlungen oder Vorschüsse an die Stadtwerke und vieles mehr.

Ist deine finanzielle Situation gesichert, bekommst du bestimmt einen Kredit von der Hausbank.

Bist du finanziell in der Zwickmühle, gibt es verschiedene Anlaufstellen, welche dich finanziell unterstützen können. Diese wären z. B. das Sozial- oder Wohnungsamt, Kirchen oder Stiftungen.

Hausratsteilung

Mit das Wichtigste bei einer Trennung ist die gerechte Aufteilung des Haushaltes. Hierbei wird festgelegt, wer was bekommt, und nicht selten stellt sich auch die Frage: Passen die Einrichtungsgegenstände überhaupt in die neue Wohnung?

Hierbei wäre es ratsam, den Wert des Inventares anhand der damaligen Anschaffungskosten zu bestimmen und dann im gleichen Verhältnis zu teilen.

Wenn ihr verheiratet seid und die Scheidung einreichen wollt, solltet ihr euch im Vorfeld einigen, wie ihr eure Einrichtungs- und Wertgegenstände, (ggf. Autos, Mobiliar etc.) untereinander aufteilt. Denn jeder Streitpunkt kostet vor Gericht Geld und zieht die Scheidungsdauer natürlich hinaus.

Versucht, eure gemeinsame Habe so untereinander aufzuteilen, dass jeder zufrieden ist und keinerlei Ansprüche mehr bestehen.

Es ist normal, dass du etwas einpackst und mit in dein neues Zuhause nimmst, was dir nicht gehört oder was dein Ex-Partner mitgebracht hat. Ebenso normal ist es, wenn du etwas nicht mehr findest, was dir gehört, weil es dein Ex-Partner aus Versehen mitgenommen hat.

Ihr habt euch sauber und friedlich getrennt. Unter solchen Voraussetzungen kannst du kurz bei deinem Ex-Partner anrufen und deine Habe zurückverlangen, was im Normalfall kein Problem darstellt.

Es kann auch vorkommen, dass beispielsweise ein Möbelstück weder in deine neue Wohnung noch in die des Ex-Partners passt. In diesem Fall könnt ihr es verkaufen. Sollte sich kein Käufer finden, könntet ihr die Nachmieter fragen, ob sie es übernehmen würden. Ihr könnt es auch gemeinnützig verschenken. Wenn gar keine Aussicht mehr besteht, es sinnvoll zu veräußern, muss es leider auf den Sperrmüll.

Habt ihr es verkaufen können, teilt euch das Geld.

Die Hausratsteilung ist nie einfach. Die Erlebnisse in der Beziehung, die Zeit der Liebe, die gemeinsamen Stunden, alles kommt gedanklich zurück und trifft wie ein Schlag mit dem Hammer.

Da musst du leider durch. Es wird teilweise für dich psychisch schwer werden, damit umzugehen, aber halte dir jetzt vor Augen:

-   Ein neuer Lebensabschnitt beginnt! -

Finanzenteilung

Der heikelste Punkt bei einer Trennung sind die Finanzen, ein leidiges und streitbereites Thema.

Innerhalb einer Beziehung kann die Finanzfrage unterschiedlich gelöst sein:
- Es gibt ein gemeinsames Konto, über das alle Abbuchungen und Gutschriften erfolgen.
- Jeder hat sein eigenes Konto, die Kosten werden geteilt.
- Jeder hat sein eigenes Konto, einer zahlt.

Darüber hinaus sind noch viele andere Möglichkeiten denkbar.

Je nachdem, wie eure Finanzfrage während eures Zusammenlebens gelöst war, müsst ihr nun unter euch klären, wie ihr die Finanzen nach der Trennung aufteilt. Es sollte im besten Fall gerecht gesplittet werden, damit es im Nachhinein keine Streitpunkte gibt.

Finanzen sind ein sehr heikles Thema. Geht bedacht und vorsichtig damit um.

Wenn du ein neues Konto eröffnest, vergiss nicht, die Einzugsermächtigungen etc. zu ändern, und gib deine neue Kontonummer auch an den Arbeitgeber weiter.

Ändere auch deine Versicherung, falls dein Ex-Partner eingetragen ist.

Umzug

Umzugskartons stehen in der gemeinsamen Wohnung, Möbel sind teils schon demontiert.

Wenn ihr umzieht, dann bereitet alles so vor, dass jeder Karton sauber beschriftet ist, vor allem sollten deine Dinge von denen deines Partners sauber getrennt liegen. Falls ein Umzugsunternehmen kommt, achtet darauf, dass auch das Richtige eingepackt wird.

Plant euren Umzug gemeinsam, denn meist kommt es billiger, wenn man gleich zusammen umzieht. Dann könnt ihr eine Firma beauftragen, die alles einlädt und dann eben zwei Adressen anfährt.

Helft euch dabei gegenseitig, so wie ihr eingezogen seid. Das scheint vielleicht nicht ganz einfach, aber es festigt das, was ihr noch zusammen habt. Ihr braucht den freundschaftlichen Umgang miteinander, um die Trennung besser bewältigen zu können. Ihr werdet noch des Öfteren in Kontakt treten müssen, sei es persönlich oder am Telefon.

Nutzt eure gemeinsamen Freundschaften, die euch beim Umzug und Einzug helfen. Auch diese

Kontaktpersonen werden euch dabei unterstützen, die Trennung leichter zu meistern.

Wie gehe ich damit um?

Allein in der neuen Wohnung

Ja, so schnell ging es auf einmal! Jetzt bist du in deiner neuen Wohnung, allerdings alleine.

Es ist noch nicht alles super eingerichtet, weil hier und da natürlich einiges fehlt, letztendlich hast du ja deinen Hausrat aufgeteilt.

In finanzieller Hinsicht wird es gerade auch nicht so rosig aussehen, da der Umzug, die Mietkaution, Restmietzahlungen der alten Wohnung, Ummeldungen etc. einiges gekostet haben.

Auch wenn du in der alten Wohnung geblieben bist und dein Partner ausgezogen ist, fehlt dir dennoch einiges. Du musst damit rechnen, dass du jetzt für die „große" Wohnung (oder vielleicht sogar ein Haus) finanziell alleine aufkommen musst.

Um auf den Problempunkt zurückzukommen: Du bist jetzt erst mal auf dich alleine gestellt.

Aber sei zuversichtlich: Das schaffst du schon!

Trennungsbewältigung

Nach der Ansicht von Sigmund Freud (1856–1939) ist die Verarbeitung der Trennung ein eigenständiger Prozess, der erst dann beendet ist, wenn das Band, welches mit dem Partner verbunden hat, sich zu lösen beginnt.

Wir reagieren auf den Verlust eines geliebten Menschen zunächst mit heftigem Widerstand. Wir wehren uns gegen die notwendige, aber schmerzhafte Einsicht, dass wir loslassen müssen.

Gerade jetzt, wo du alleine bist, merkst du, dass dir etwas fehlt. Der normale Alltag verändert sich, denn du bist es gewohnt, dass jemand da ist oder beispielsweise spätestens um 17 Uhr nach Hause kommt.

Unter der Arbeitswoche wirst du es leichter verarbeiten können, da du abgelenkt bist. Schwer werden für dich die Wochenenden, Feiertage und vor allem der Urlaub.

Vor deiner Beziehung gab es auch solche Tage. Denk zurück: Was hast du damals gemacht? Ergreife vielleicht wieder dein altes Hobby, welches du während deiner Beziehung auf Eis gelegt hast.

Den Verlust wahrnehmen

Eine frische Trennung zu verarbeiten ist nicht einfach. Man versucht verzweifelt, dem Schmerz des Verlustes zu entkommen.

Man flüchtet vielleicht in Alkohol, in Arbeit, in Aktivitäten wie Reisen und andere Freizeitunternehmungen.

Dieses Flüchten stellt aber keine geeignete Bewältigungsstrategie zur Verarbeitung eines Verlustes dar.

Meistens handelt man sich dabei noch zusätzliche psychische Probleme ein, nämlich dann, wenn das Fluchtverhalten den Charakter einer Sucht annimmt. Beispiele hierfür wären die Alkoholsucht, die Arbeitssucht, Spielsucht etc.

Solltest du merken, dass du in diese Schemata verfallen bist, dann bitte: Suche dir Hilfe.

Loslassen

Nach dem unvermeidlichen Auf und Ab der Gefühle, dem immerwährenden Zurückziehen aus dem Alltag, steht das Loslassen an. Nur dadurch wird die Veränderung und das Teilnehmen am Leben wieder möglich.
In allen Lebenskrisen ist dies unumgänglich.

Man versucht, mit Hilfe von Phantasien an der Vorstellung festzuhalten, dass die Trennung nicht gewesen sei, doch durch die immer wiederkehrende Konfrontation mit der Realität verschwindet dieser innere psychische Abwehrmechanismus allmählich.

Umso bedeutender und inniger die Beziehung war, umso mehr Zeit und Energie kostet dieser Verarbeitungsprozess.

Klar wirst du im zukünftigen Leben immer wieder mit der Situation konfrontiert werden, dass du den Ex-Partner wiedersiehst oder in der Familie über ihn gesprochen wird usw. Doch dies ist nicht vermeidbar. Du wirst merken, dass es mit der Zeit viel leichter wird, über die ehemalige Beziehung zu reden.

Chaos der Gefühle

Eine buddhistische Lehrerin, die Jahre in einem Kloster zubrachte, wurde durch den Verlust eines ihrer Kinder in tiefe Trauer versetzt.

Sie beschreibt diesen Zustand folgendermaßen:

„Der Schmerz überwältigte mich. Ich weinte tagelang ohne Ende, wusste nicht mehr, wie es weitergehen sollte. Es half kein Meditieren, kein noch so langes Bemühen um Stille. Ich musste den Härten des Lebens und meiner eigenen Bedrängnis ins Auge schauen. In jenen Jahren begriff ich die Notwendigkeit des Loslassens, dass man sich der ganzen Wahrheit stellen muss und von den Tatsachen nicht davonlaufen darf.“

(Aus J. Kornfield: Das Tor des Erwachens, Heyne 2003.)

Es sind die unterschiedlichsten Gefühle, die auf einen Menschen einstürmen, der einen Verlust erlebt hat, und dies in einer ungewohnten Intensität.

Verzweiflung

In den ersten Stunden, Tagen, ja manchmal Wochen nach der Trennung herrscht ein Gefühl der totalen Verzweiflung.

Im ersten Moment ist man wie betäubt, nicht fähig, die Trennung wahrzunehmen. Es gibt Momente, in denen man sich einfach weigert, die Wahrheit zu akzeptieren, man will es einfach nicht glauben, dass der Partner gegangen ist.
Man möchte einfach die Zeit zurückdrehen und es ungeschehen machen.

Man handelt wie in einem Trancezustand, der Alltag wird wie im Schlaf und völlig automatisch verrichtet.

Irgendwann aber wird man von der Realität eingeholt und durch das klare Bewusstsein für den endgültigen Entschluss der Trennung aus der Betäubung gerissen. Diese plötzliche Erkenntnis ist meist mit heftigen inneren Auseinandersetzungen verbunden. Die grausame Realität kann nun nicht mehr verdrängt werden, was zur Folge hat, dass man sein Leben ordnen muss, um neu zu beginnen, um wieder am Alltag teilzuhaben.

Schuldgefühle

In der Phase nach der Trennung treten natürlich auch Schuldgefühle auf.

Sich von einer Beziehung zu lösen ist, wie schon des Öfteren geschrieben, ein schmerzhafter und sehr schwieriger Prozess, der Zeit benötigt. Häufig hast du daher den Wunsch, weiter mit dem Ex-Partner befreundet zu sein, um die Beziehung nicht komplett aufgeben zu müssen.

Um zu verhindern, dass dein Ex-Partner beginnt, nach der Trennung zu klammern, musst du klare Grenzen aufzeigen.

Erläutere in einem klärenden Gespräch deine Gründe für die Trennung und vermeide dann auch zu häufigen Kontakt.
Gehe im Gespräch mit deinem Ex-Partner nicht zu sehr auf private Themen ein, vermeide häufige Anrufe und lehne gemeinsame Unternehmungen ab.

Sei dir im Klaren darüber, dass du manchmal nicht um eine Verletzung herumkommst, auch wenn dir das schwerfällt.

Wenn du die Trennung fair vollziehst, hast du dir nichts vorzuwerfen und musst keine Schuldgefühle nach der Trennung haben.
Dein Ex-Partner kann die Trennung überwinden, auch wenn es für ihn zunächst fast unmöglich erscheint.

Schließlich gab es Gründe, die die Beziehung zerbrechen ließen. Ein Neuanfang ist häufig der bessere Weg, als in einer unglücklichen Partnerschaft zu verharren.

Wutgefühle

Während des Trennungsprozesses können auch Gefühle der Wut auftreten. Wut auf das Schicksal, auf die „Ungerechtigkeit der Welt" oder auf „Gott", mit anderen Worten: Wut auf diejenige Macht, der man die Verantwortung für die Trennung zuschreibt.

Diese Wut tritt vor allem dann auf, wenn man den Ex-Partner zu sehr geliebt hat und plötzlich die Beziehung endete.

Manchmal richtet sich diese Wut auch gegen die Mitmenschen. Diese sind glücklich in ihrer Beziehung, alles ist bei ihnen (noch) perfekt. „Und warum ist es plötzlich in meinem Leben passiert?", fragst du dich in diesem Zustand vielleicht.

Eines aber solltest du unter Kontrolle halten, nämlich deine Wut, damit es nicht zu ungezügelten Ausbrüchen kommt.

Sehr schnell kann es passieren, dass du deinen besten Freund dadurch irritierst, ja vielleicht sogar Freundschaften damit kaputt machst, weil du in deiner Wut einen Schuldigen suchst und die erfundene Schuld deinen Freunden zuschreibst.

Vorsicht, es passiert schnell, dass du plötzlich komplett alleine dein Leben meistern musst.

Isolation

Du stehst jetzt mittendrin im Verarbeitungsprozess. Möglicherweise hat sich dein Freundeskreis reduziert, eventuell hast auch du dich von einigen zurückgezogen, weil ihr beide gemeinsame Freundschaften hattet.

Unter Umständen leidest du auch unter Angstgefühlen, anderen viel zu lange mit deinem Kummer zur Last zu fallen.

Aus diesem Grund isolierst du dich vielleicht nach einiger Zeit und ziehst dich von der Außenwelt zurück. Dieses Verhalten von dir kann Freunde oder Bekannte verunsichern, welche dir helfen oder dich trösten wollen.

Du hast Angst, mit anderen Personen über deine Gefühle zu sprechen. Aber auch die Personen, welche dich unterstützen wollen, haben Angst, dich im Gespräch zu verletzen.

Du siehst, dass man sehr schnell in eine psychische Sackgasse geraten kann, aus welcher man nicht so schnell ohne die Unterstützung von außen wieder herauskommt.

An sich arbeiten

Der innere Trennungsprozess an sich ist vorübergehend. Die Trauer über den Verlust des Partners tritt gewöhnlich zeitlich begrenzt auf und verläuft in bestimmten Phasen. Möglicherweise kannst du dir während dieses Prozesses oft gar nicht vorstellen, jemals wieder frei von dem Schmerz der Trennung zu sein.

Die Heftigkeit dieses Gefühls nimmt jedoch mit der Zeit ab und verschwindet schließlich ganz.

In diesem Zusammenhang musst du an dir arbeiten. Dies bedeutet, dass du bestimmte Phasen des Prozesses durchleben musst, um den Verlust verarbeiten zu können.

Du musst
- zunächst die Trennung als solche akzeptieren,
- lernen „loszulassen",
- neue Verhaltensmuster finden, in denen deine ehemalige Beziehung keinen Platz mehr einnimmt,
- die emotionale Energie, die auf deinen Ex-Partner gerichtet war, von diesem abziehen und diese Energie in andere Beziehungen investieren.

Depression?

Es wird wohl nur wenige Menschen geben, die immer aufgeweckt und begeistert durch das Leben gehen. Jeder von uns ist unterschiedlichen Stimmungen ausgesetzt. Der eine mehr, der andere weniger.

Es gibt Tage, an denen wir uns nicht unterkriegen lassen, denn wir fühlen uns vital und lebenslustig. An anderen Tagen sind wir reizbar und niedergeschlagen, wir grübeln, fühlen uns antriebslos und brauchen für die täglichen Verrichtungen sehr viel mehr Energie als an anderen Tagen.

Diese Niedergeschlagenheit kann durch die Trennung von deinem Ex-Partner ausgelöst sein, sie schlägt dir aufs Gemüt.

Niedergeschlagenheit ist in dieser Phase normal. Aber wenn diese Stimmungslage eine bestimmte Intensität und Zeitdauer erreicht, sprechen wir schon von einer psychischen Störung.

Wenn diese Verstimmung und Niedergeschlagenheit zwei Wochen oder länger anhält, liegt das womöglich nicht mehr im Bereich des Normalen, sondern kann schon ein Teil des klinischen Krankheitsbildes „Depression" sein.

Neben der anhaltenden negativen Stimmungslage gibt es zahlreiche weitere psychische und körperliche Symptome, die auf eine Depression hindeuten, jedoch von Fall zu Fall in Art und Intensität unterschiedlich ausgeprägt sind.

Bei einer Depression sind die Symptome so gravierend, dass eine normale Lebensführung nicht mehr möglich ist. Eine Depression kann für den Einzelnen sehr qualvoll erlebt werden.

Hast du deine Freude und dein Interesse an einfachen Sachen verloren, wirst von Schuldgefühlen geplagt, leidest an Konzentrationsstörungen, vielleicht sogar Essstörungen oder kannst nicht mehr richtig schlafen, dann können das Anzeichen dafür sein, dass du schon unter einer Depression leidest.

Jetzt solltest du dir wirklich Hilfe holen. Geh zu deinem Hausarzt, erklär im alles, er wird dir helfen. Es gibt auch Telefonseelsorgen oder anerkannte Beratungsstellen, an die du dich wenden kannst.

Die Gefühle

Das Chaos in deinem Gefühlsleben bewirkt, dass dein Verhalten sehr verwirrend für Personen in deinem Bekannten- und Kollegenkreis sein kann.

Das kommt daher, da du dich in deinen Gedanken oft noch in deiner Beziehung befindest, jedoch immer wieder feststellen musst, dass es einfach nicht mehr so ist, wie es mal war.

Einmal akzeptierst du die Trennung, einmal eben nicht, dies spiegelt sich auch in deinem Verhalten wider.

Es kann vorkommen, dass du aggressiv eifersüchtig auf andere wirst, die ein Leben führen, in dem alles noch den perfekten Anschein hat und denen dein Kummer sozusagen egal ist.

Versuche einfach, der Mensch zu sein, der du bist. Du musst es hinnehmen und es wird dir bald besser gehen.

Wie lange darf das alles dauern?

Es wird schon einige Zeit in Anspruch nehmen, wieder ein halbwegs normales Leben zu führen.

Aber du musst dennoch irgendwann darüber hinwegkommen. Was geschehen ist, ist nun mal geschehen.

Der Alltag kehrt wieder in dein Leben zurück. Dein Freundes- und Bekanntenkreis will sich irgendwann nicht mehr länger mit deinem „Ex-Thema" beschäftigen. Sprichst du es immer wieder an und wirst von deinen Freunden darauf hingewiesen, dass es endlich vorbei sein muss, dann fühlst du dich womöglich missverstanden und fehl am Platz.

Dann wirst du dich vielleicht hinter einer Fassade verstecken und wirkst nach außen so, als würde es dir gut gehen, was aber auch einen positiven Effekt für dich hat: Du spielst eine Rolle und kannst somit die Trennung schneller verkraften.

Also, wie lange sollte das Ganze dauern? Maximal ein Dreivierteljahr bis zu einem Jahr. Wenn diese Zeit verstrichen ist und du deine Trennung noch immer nicht überwunden hast, suche dir bitte Hilfe von außen.

Hilfe suchen

Du kommst nicht mehr klar, kannst nicht mehr, verkraftest das alles nicht, es macht dich innerlich kaputt und du bist kurz davor, alles hinzuschmeißen und aufzugeben?

Stopp!

Jetzt solltest du dir Hilfe suchen, denn so geht es nicht mehr weiter.

Empfehlen kann ich dir zum Beispiel karitative Einrichtungen, deren Kontaktadressen und Telefonnummern du in der Tageszeitung ausgeschrieben findest. Auch die kirchliche Seelsorge kann eine Anlaufstelle sein.

Weiterhelfen kann dir in solchen Fällen natürlich auch dein Hausarzt. Er wird dich an den richtigen Ansprechpartner weiterleiten bzw. zu einem Psychologen überweisen.

Auch wenn deine Scham und Moral dagegen sind, nimm die Hilfe an, es wird dir gut tun.

Fast geschafft

Langsam geht es aufwärts

Nun ist deine neue Wohnung fast fertig eingerichtet, du fühlst dich schon wieder wohl und dir geht es besser.

Es geht aufwärts.

Ein paar Kleinigkeiten musst du jetzt noch erledigen, falls du dies noch nicht getan hast:
- deinen Wohnsitz ummelden (beim Einwohnermeldeamt),
- Steuerklasse ändern, eventuell eine neue Steuernummer erteilen lassen,
- dem Arbeitgeber, den Behörden, der Krankenkasse usw. deine neue Anschrift mitteilen, ggf. auch die neue Bankverbindung,
- einen Nachsendeantrag bei der Post stellen.

Richte dein neues Zuhause ein, wie es dir gefällt. Selbstverständlich ist es noch kein Traumzuhause, da alles noch ein wenig zusammengewürfelt in den Räumen steht. Aber nutze das, was du hast, und mach möglichst das Beste daraus.

Der Rest kommt nach und nach. Vielleicht bleibst du ja nicht lange in der neuen Wohnung, wer weiß?

Ein neuer Lebensabschnitt beginnt

Das Schlimmste ist überstanden, du gehst wieder deinem routinierten Alltag nach, kommst nach Hause und fühlst dich wohl. Die Phase der Trauer, der Trennung, des ganzen Trubels ist vorüber.

Mach nun das Vernünftigste daraus: Nimm das, was du hast, und fang neu an. Dein Herz ist frei, du kannst dich auf was Neues konzentrieren.

Jetzt kannst du vielleicht schon anfangen, das zu ändern, was dem Ex-Partner an dir nicht gefallen hat, wenn du dir auch bewusst bist, dass dies ein Fehlverhalten deinerseits war.

Geh ganz normal wieder deinem Alltag nach, Arbeiten, Einkaufen etc. Geh abends mal in die Kneipe gegenüber oder in ein Restaurant, gönn dir einfach mal was!

Mit der Zeit gewöhnst du dich daran, dass alles für dich neu ist, und dein Leben pendelt sich wieder ein.

Noch mal glücklich sein

Vorurteile

Alles läuft seinen gewohnten Gang und plötzlich steht ein geeigneter neuer Partner vor dir.

Vielleicht stellst du dir dann die folgenden Fragen:
- Wie gehe ich damit um?
- Passiert mir das Gleiche wieder?
- Hat sie/er auch solche Macken?
- Kann ich noch mal lieben?
- Habe ich noch Respekt?

All diese Fragen schießen dir urplötzlich durch den Kopf und du bist schon wieder an der Grenze, alles sofort hinzuwerfen. Aber probier's doch aus, du musst ja nicht gleich wieder heiraten oder sofort zusammenziehen.

Denke daran: Wie hast du deinen Ex-Partner kennengelernt? Damals hast du dich doch auch Stück für Stück herangetastet, oder nicht?

Schieb einfach mal die Vorurteile beiseite, konzentriere dich auf deinen vielleicht neuen Lebensmittelpunkt.
Klar wird er Macken und Ecken haben, die hat jeder, aber jeder für sich. Übrigens ist es doch mal schön, mit neuen Herausforderungen umzugehen.

Dem anderen geht es vielleicht genauso wie dir, er steckt womöglich in der gleichen Situation fest, wird vielleicht sogar die gleichen Gedanken und Vorurteile haben wie du.

Zu hohe Ansprüche stellen

Ihr kennt euch bereits ein wenig, kommt des Öfteren zusammen, und einige kleine Makel hast du an der auserwählten Person schon gefunden.

Die meisten machen jetzt den Fehler, dass sie Ansprüche an den anderen stellen, die dieser nicht erfüllen kann oder will.
Damit möchte ich sagen: Alles, was du in einer künftigen Beziehung nicht mehr haben willst, versuchst du nun, beim neuen Partner zu unterdrücken, fast so, also möchtest du ihn noch „erziehen".

Das geht leider nicht mehr, denn auch dein Partner hat seine Wunden und Narben.

Schraube die Ansprüche doch einfach noch mal zurück, mit der Zeit gibt sich das schon und pendelt sich ein. Sollte dir etwas gar nicht passen, dann rede mit deinem neuen Partner. Dieser wird es verstehen, aber auch dieser wird seine Belange äußern.

Ihr seid alt genug und schafft das auch.

Nachwort

Nun bist du am Ende dieses kleinen Ratgebers angelangt. Ich hoffe, dass ich dir etwas Unterstützung geben konnte. Viele Menschen waren in der gleichen Situation gefangen und haben es wieder geschafft, glücklich am Leben teilzuhaben.

Viel Spaß und Glück im neuen Lebensabschnitt!

Ist es Mobbing,
wer ist das wahre Opfer,
oder
sind es andere
Aspekte?

Mobbing, diesen Begriff hört und liest man in der heutigen Generation sehr oft.

Was ist Mobbing, wie entsteht es und wer ist nun Wirklich das Opfer?

Ist es vielleicht diese Person welche der Meinung ist, aus welchen Gründen auch immer dem anderem Menschen zu schaden?

Oder sind es rein Betriebliche- Zwischenmenschliche- oder Soziale Aspekte?

Lesen Sie die Hintergründe, welche mit am häufigsten die Auslöser von Mobbing sind, wenn es sich überhaupt um Mobbing handelt.

Diese Fragestellungen erkläre ich Ihnen um den Unterschied im / in

Betrieblichen Sinne
der Gruppendynamik
der Sozialisation
der Psychischen Störungen
der Konfliktarbeit

und anderen
Aspekten

zu betrachten.

.

Inhaltsverzeichnis

Was ist Mobbing

Definition

Mobbing oder Mobben steht im engeren Sinn für „Psychoterror am Arbeitsplatz mit dem Ziel, Betroffene aus dem Betrieb hinaus zu Ekeln. "Im weiteren Sinn bedeutet Mobbing, andere Menschen, in der Regel ständig bzw. wiederholt und regelmäßig, zu schikanieren, zu quälen und seelisch zu verletzen, beispielsweise in der Schule, am Arbeitsplatz, im Sportverein, im Altersheim, im Gefängnis und im Internet (Cyber-Mobbing). Typische Mobbinghandlungen sind die Verbreitung falscher Tatsachenbehauptungen, die Zuweisung sinnloser Arbeitsaufgaben, Gewaltandrohung, soziale Isolation oder ständige Kritik an der Arbeit.

Quelle: Wikipedia

Mobbing an sich

Mobbing ist ein Modewort so wie z.B. Coaching. Jeder versteht darunter etwas anderes. Es erinnert an das Wort Jogging: Ein amerikanischer Gesundheitsexperte empfahl im Fernsehen den alten und untrainierten Menschen statt des Laufes (engl. tu run; running) ein langsames Zotteln oder Trotten (engl. to jog; jogging). Dieses Joggen wurde dann in Deutschland bekannt. Durch einen Übersetzungsfehler sind die meisten Dauerläufer Deutschlands jetzt langsame Zottler und Trotter.

Mobbing ist teuer, gesundheitsschädlich und grausam. Durch einen „Übersetzungsfehler" kann aber auch jede Kommunikationsstörung oder Wahrnehmungsverzerrung zum „Mobbing" werden. Um normale Meinungsverschiedenheiten, Kommunikationsstörungen oder faire Konkurrenz davon zu trennen, ist es hilfreich, mit dem anscheinend gemobbten folgendes zu klären:

- Was genau ist das beobachtete Verhalten?

- Was genau ist meine Bedeutungszuschreibung?

- Wie sehen das andere?

- Was lief in der Kommunikation bisher schief

- Wie sieht das aus der Perspektive der Mobber aus?

Ein großer Teil der Mobbing-Fälle lässt sich bereits mit dieser Klärung als kleineres Problem erkennen. Der angeblich gemobbte entwickelt ab hier dann selbst schon die Fähigkeiten, sich aus der vermeintlichen Sackgasse zu befreien. Glücklicherweise sind bei einer Selbstfindung die meisten Mobbing-Probleme durch das Opfer schon selbst auflösbar.

Mobbing greift Ruf, Gesundheit, Leben, Wohlbefinden, materielle Sicherheit, berufliche Chancen, Besitz und Privatleben der Opfer an. Es ist schädlich für den wirtschaftlichen Erfolg der Organisation und verursacht volkwirtschaftlich enorme Schäden.

Wichtige Mobbing-Strategien sind unter anderem:

- Killergesten und Killerphrasen

- Behinderungsmacht:

  Informationen zurückhalten, ausgrenzen, schweigen, das Wort verbieten, Selbstverantwortlichkeit und Sinn der Arbeit rauben, Feedback verweigern.

- Kommunikationsverzerrungen:

  Unterschwellige Vorwürfe oder Botschaften, die auf einer oberflächlichen Sachebene getarnt vermittelt werden.

- Grenzverletzungen:

  Verfügung über die Ressourcen des Opfers (Kraft, Fähigkeit, Zeit u. a.), Drohungen, Kränkungen, physischer Schaden an seinem Besitz oder am Arbeitsplatz, Demütigungen, sexuelle Belästigung.

- Gerüchte, Klatsch:

  Das Bild einer Person entsteht nicht nur aus eigener Beobachtung, sondern zum großen Teil aus den Berichten anderer: "An den Gerüchten wird schon was dran sein." Beispiele für Gerüchte: psychisch Krank, vernachlässigt Frau/ Mann oder Kinder.

- Fehler zuschreiben:

  Dem Opfer werden Schwächen, Ängste oder Arbeitsfehler zugeschrieben.

- Informationen ausnutzen oder stehlen:

  Vertrauliche Informationen werden gegen das Opfer genutzt oder auch geraubt, und der Mobber nutzt diese selbst.

- Asymmetrie herstellen:

  Die Gleichheit des Mitarbeiterstatus wird verleugnet, das Opfer wird wie ein Kind behandelt.

Charakteristisch ist, dass die Mobber ihre Strategie wiederholen oder permanent anwenden. Diese Wiederholungen und der permanente Druck machen das Opfer verwirrt oder krank. Mobber sehen als Ursache für ihr Verhalten selten ein spezifisches Problem, Ihnen geht es häufiger um einen unterschwelligen Kampf, der von dumpfen und dummen Leitsätzen oder Gefühlen persönlicher Abneigung gesteuert wird.

Man könnte meinen, ein Geist der Dummheit treibe sie dabei an. Häufig sind jedoch eigene Ängste, familiäre oder systematische Verstrickungen die Ursache für ihr Handeln. Da in den wenigsten Mobbing-Systemen nach solchen Ursachen gefahndet wird, lassen wir die Dummheit einfach als Metapher für die eigentlichen Ursachen stehen.

Nach den Angaben des Deutschen Gewerkschaftsbundes gibt es Mobbing nicht nur von oben. Die Verursacher sind:

zu 44% Kollegen,   horizontal bullying

zu 37% Vorgesetzte,   bossing

zu 10% Kollegen und Vorgesetzte,

zu 9% Untergebene.   staffing

Gewöhnlich mobben Frauen - Frauen und Männer - Männer.

Gut ausgebildete Vorgesetzte werden schnell merken, wo die Schwachstellen liegen, welche das Mobbing ermöglichen.

Es gehört zur Fürsorgepflicht, Mobbing zu unterbinden. Das ist häufig sehr leicht, da wirklich böswillige Mobbing-Attacken selten sind. Meist machen sich die Verursacher keine Gedanken über die schlimmen Folgen ihrer Handlungen. Verletzender Klatsch, Tratsch, Gerüchte und jeder Ansatz von Mobbing sollten daher von Kollegen und Vorgesetzten durch mutiges und vorbildliches Auftreten unterbunden werden. Über die Auswirkungen destruktiver Kommunikation sollte Feedback gegeben werden.

Viele Vorgesetzte haben keine Kenntnisse auf diesem Gebiet. Einige von Ihnen mobben selber oder setzen Mobbing als destruktives Führungsinstrument bewusst und planmäßig ein oder dulden es, um Kündigungen zu erleichtern. Aus diesem Grunde müssen etwa 60 bis 70 % der Mobbing-Opfer ihren Kampf allein austragen. Durch den permanenten Druck werden viele von ihnen aggressiv, mürrisch und ängstlich.

Häufig werden sie vom System als Sündenbock gesehen und fühlen sich dann auch so. Dann stehen sie als Stellvertreter oder Repräsentant für das Problem ihres Systems.

Sollte hinter Mobbing tückische Bosheit, destruktive Gruppenverblendung oder kriminelle Energie stecken, benötigt das Opfer Rückendeckung durch Schlichtungs- und Beschwerdestellen oder durch den Betriebsrat, welcher aber durch das Thema oft selbst überfordert oder betriebsblind ist.

Sollte das Gefühl bestehen gemobbt zu werden, gibt es Fachanwälte für Arbeitsrecht (Infos bei der Anwaltskammer). Auch der Betriebsrat kennt meist wesentliche Gesetze, welche die Arbeitnehmer schützen sollen.

Betriebliche Aspekte

Betriebliche Probleme und soziale Konflikte

A rten Formen und Ursachen

AWo immer Menschen zusammenarbeiten, gibt es Konflikte. Konflikt bedeutet in erster Linie Zusammenstoß, wobei die Begriffe Konflikt und Konkurrenz teilweise synonym (gleichbedeutend) verwendet werden und als Gegensatz zur Kooperation angesehen werden.

Konflikte sind kein bedauerlicher und störender Unglücksfall, sondern eine selbstverständliche und unumgängliche Begleiterscheinung menschlichen Zusammenlebens. Die Frage „Wie lassen sich Konflikte vermeiden?" ist nicht richtig gestellt. Sie müsste lauten: „Wie gehen wir mit den Konflikten um?" Richtig verarbeitet, können Konflikte die Quelle für Innovation und kreative Ideen darstellen.

Wenn es keine Unterschiede in den Auffassungen, keinen Wettstreit der Ideen gäbe, dann würde jeder Betrieb im „gewohnten Trott" erstarren. Dennoch fällt den meisten Menschen beim Wort „Konflikt" eher Negatives ein: seelischer Stress, die Unmöglichkeit, mit dem anderen vernünftig zu sprechen, Belastungen des Betriebsklimas, Ablenkung von der eigentlichen Aufgabe durch Sachfremdes.

Was ist ein sozialer Konflikt? Ist bereits jede Meinungsverschiedenheit ein Konflikt? Nein, zumindest so lange niemand versucht, dem anderen seine Meinung aufzuzwingen.

Erst wenn jemand durch sein Tun versucht, die Handlungsweise des anderen zu behindern oder gar unmöglich zu machen, wird aus dieser Situation ein Konflikt.

Welches sind nun aber die wesentlichen Bestimmungsmerkmale eines zwischenmenschlichen Konfliktes? „Konflikte sind Spannungssituationen, in der zwei oder mehrere Personen bzw. Parteien beteiligt sind, die

- unabhängig voneinander sind,

- mit Nachdruck versuchen, unvereinbare Handlungspläne zu verwirklichen und

- die sich dabei ihrer Gegnerschaft bewusst sind"

„Konflikte, die durch die Interaktionen mehrerer Personen zutage treten, bezeichnet man als soziale Konflikte oder Mehrpersonenkonflikte"
Im Hinblick auf das soziale Verhalten im Betrieb interessieren besonders

- die Konfliktursachen und Bedingungen,

- der Konfliktverlauf,

- die Verhaltensmuster der am Konflikt beteiligten Personen,

- die Konfliktwirkungen und

- die Möglichkeiten der Konflikthandhabung.

Die Forschung hat gezeigt, dass die Ursachen von Konflikten meist nicht primär in den beteiligten Personen liegen, in der Aggressivität des einen, der Unleidlichkeit des anderen, der Sturheit des Dritten oder der Unbeherrschbarkeit des Vierten. Selbstverständlich können solche Wesensmerkmale eines Menschen Konflikte nachhaltig beeinflussen. Im Betrieb entstehen jedoch Konflikte häufig durch die Gestaltung der äußeren Rahmenbedingungen.

Konflikte lassen sich durch eine Vielzahl von Merkmalsdimensionen unterscheiden:

- Ursachen/Potenziale

  1. Konflikttyp, z. B. bezüglich der Mittel, Ziele oder Fakten

  2. Konfliktparteien, z. B. Gruppen- oder Organisationskonflikte oder die Zahl der Beteiligten

- Verlauf

    1. Sichtbarkeit: unterschwelliger oder offen ausgetragener Konflikt

    2. Auftrittszeitpunkt: spontan oder in verschiedenen Phasen entstanden

    3. Auftrittshäufigkeit: sporadisch (selten) bis häufig

    4. Konfliktintensität: schwache bis zu „kriegerischen" Konflikten

- Auswirkungen

    1. Ergebnisse: bewältigter oder ungelöster Konflikt

    2. Folgewirkungen: konstruktiver Wandel oder Fortsetzung des Konfliktes

Ursachen für betriebliche Probleme und soziale Konflikte können begründet sein durch:

1. Persönliche Reibungen,

die in persönlichen Spannungen und Antipathien zwischen verschiedenen Personen liegen oder durch unterschiedliche Persönlichkeitsmerkmale bei den Personen bedingt sind. Es sind also Gefühle und gestörte Beziehungen zu anderen im Spiel. Diese Spannungen bis hin zu offenen oder versteckten Feindseeligkeiten überlagern das eigene Denken und Tun, so dass die „normalen" Verhaltensweisen zunehmend eingeschränkt werden.

2. Probleme der Organisation

Hierzu zählen Unklarheiten einzelner Positionen bezüglich der hierarchischen Einordnung innerhalb der Betriebsstruktur (z. B. Unterstellungsverhältnisse) oder das Fehlen von Aufstiegsmöglichkeiten.

3. Technische Entwicklung

Bei der Einführung neuer Arbeitsmethoden der bei der Durchführung von Rationalisierungsmaßnahmen auftretende soziale und wirtschaftliche Konsequenzen können ebenso auslösende Faktoren sein.

4. Das Rationalitätsprinzip

Wenn der Betrieb ausschließlich als System zweckrationaler Art angesehen wird, d. h. alle Betriebsmittel unter Einschluss der Mitarbeiter als Mittel zum Zweck dem Erreichen der Betriebsziele nach Gewinnmaximierung aufgefasst werden, dann geht diese Betrachtungsweise an den Bedürfnissen der Menschen häufig vorbei. Denn die Mitarbeiter legen ihre privaten Wünsche und Emotionen nicht beim Betreten des Betriebsgeländes beim Pförtner ab. Wird auf diese Bedürfnisse und Gefühle im Betrieb keine Rücksicht genommen, so entstehen zwangsläufig Konflikte, die vermeidbar sind.

5. Durch Einengung des Handlungsspielraums

treten ebenfalls häufig Konflikte auf. Wenn der Handlungsspielraum des einzelnen Mitarbeiters durch zuenge Vorschriften eingeengt wird, entsteht Widerstand. Die Betroffenen verstoßen gegen die Vorschriften und überziehen ihre Kompetenzen, was wiederum die Wahrer der Vorschriften auf den Plan ruft, woraus sich zwischenmenschliche und betriebliche Konflikte ergeben können.

6. Unklare Machtverhältnisse

führen ebenfalls zu Konflikten. In vielen Betrieben ist nicht immer eindeutig geklärt, wer auf bestimmten Feldern der Zusammenarbeit das letzte Wort hat. Zum Teil hat man vergessen, dies im Rahmen der

Ablauforganisation festzulegen. Der betriebliche Konflikt wird als Machtkampf interpretiert. Zum Teil hat man auch absichtlich darauf verzichtet, weil man möchte, dass zwei Entscheidungsträger akute Konflikte bewusst austragen, damit die schließlich erarbeitete Lösung sich als neuer konstruktiver Weg erweist.

Konfliktverlauf

Konflikte haben bezüglich ihres Ablaufs ihre eigene Dynamik. Am Anfang des Konfliktprozesses stehen erwünschte Zustände, Absichten oder Pläne, deren Realisierung dazu führt, dass sich eine oder alle beteiligten Parteien beeinträchtigt fühlen. Das heißt, zwei Personen oder Gruppen bemerken, dass das, was sie jeweils verwirklichen wollen, daran scheitert, dass die andere Partei nicht „mitzieht". Es liegt also ein latenter Konflikt vor, wenn der Konflikt noch nicht beobachtbar oder offen wahrnehmbar ist. Ob dann tatsächlich ein Konflikt ausbricht und ausgetragen wird, hängt letztlich von weiteren Bedingungen ab.

Erste sachbezogene Gespräche führen zu keiner Einigung. Daraus entsteht Ärger. Der Übergang vom Konfliktpotenzial zum Konfliktverhalten wird von latenten Spannungen (Bedrohungspotenzial), einzelnen Persönlichkeitsmerkmalen, erwarteten Auswirkungen und den zur Verfügung stehenden Machtmitteln bestimmt. Die Beziehungsebene wird berührt, die Kommunikation mit den anderen wird in der Folge deutlich zurückgenommener oder im Tonfall aggressiver. Innerhalb der Gruppen schließt man sich enger zusammen, akzeptiert auch eher autoritäre Führung. Man spannt gewissermaßen die Muskeln. Man unterstellt Hinterhältigkeit oder böse Absichten und spricht darüber – aber nicht mit Ihnen.

Diese strategischen Erwägungen können dann zu einem manifesten (beobachtbaren) Konflikt führen. Der eigentliche Anlass des Konfliktes wird ausgeweitet. Kompromisse werden dadurch zunehmend schwerer.

Konfliktende

Wird dann der Konflikt beendet, z. B. durch das Eingreifen eines Mächtigen – z. B. durch einen übergeordneten Vorgesetzten – so kann man innerhalb der Gruppe zwischen den „Gewinnern" und den „Verlierern" unterschiedliche zwischenmenschliche Prozesse beobachten. die Gewinnergruppe wird stabilisiert; man „feiert" den Sieg und fühlt sich in seinen Auffassungen und Meinungen bestätigt. In der „Verlierergruppe" dagegen besteht die Tendenz zum Zerfall. Die zwischenmenschlichen Beziehungen lockern sich. Innerhalb der Gruppe wird nach Sündenböcken gesucht. Im positiven Fall werden - falls die Fähigkeit zur Selbstkritik ausgeprägt ist – Lernprozesse eingeleitet.

Die Aufgabe des Vorgesetzten ist es, angemessene Vorsorge gegen unproduktive Konflikte zu treffen oder bereits vorhandene Konflikte mit Fingerspitzengefühl zu behandeln.

Ob die unmittelbaren Wirkungen und weiteren Folgen von Konflikten funktional oder dysfunktional im Hinblick auf ökonomische und soziale Zielkriterien sind, hängt vom Verhalten der Konfliktbeteiligten und von der Art, dem Verlauf und Ergebnis der Konfliktregelung ab. Konflikte müssen nicht unbedingt destruktiv sein. Grundsätzlich ist (nach Carlisle) zwischen Vor- und Nachteilen von Konflikten abzuwägen und im Einzelfall auf ihre Relevanz und Gültigkeit zu Prüfen:

Vorteile:

- Konflikte sind eine Voraussetzung für den Wandel.

- Konflikte setzen Energie und Aktivität frei

- Konflikte fördern das Interesse, den Wissensdurst und Ideen.

- Konflikte zwischen Gruppen – so genannte Intergruppenkonflikte – fördern die Gruppenkohäsion (Zusammenhalt).

- Konflikte können zu einer Reduzierung von Spannungen führen.

Nachteile:

- Extreme Konflikte können zu Instabilität und Chaos führen

- Konflikte unterbrechen den Handlungsfluss und verändern die Organisation.

- Extreme Konflikte reduzieren das Vertrauen und verursachen emotionale Verhaltensweisen.

Welche möglichen positiven (funktionalen) bzw. negativen (dysfunktionalen) Auswirkungen können nun daraus in wirtschaftlicher und sozialer Hinsicht abgeleitet werden?

Funktionale Konfliktwirkungen

- Das Problemverständnis, der Lösungsdruck und die Interaktionshäufigkeit steigen an.

- Die Lösungsqualität und die Anzahl innovativer Lösungen nehmen zu, ebenso die Anpassungsfähigkeit der Organisation. eine grundsätzliche Leistungssteigerung ist zu beobachten

- Die soziale Effizienz nimmt zu. Mitarbeiterbedürfnisse werden stärker berücksichtigt, was wiederum zur Verbesserung des Organisationsklimas beiträgt. Die Kooperationsfähigkeit wie auch die Konflikttoleranz können positiv beeinflusst werden.

Dysfunktionale Konfliktwirkungen

- Es können organisatorische und zwischenmenschliche Störungen auftreten.

- Die Kosten-Leistungs-Relation verschlechtert sich. Die Stabilität des organisatorischen Gefüges und die Einbindung einzelner oder ganzer Gruppen wird vermindert.

- Unter Umständen steigt die Frustration der Mitarbeiter, wodurch sich die sozialen Beziehungen verschlechtern und ein Ansteigen der psychischen und physischen Belastung festzustellen ist.

Wie Sie nun wissen, bestehen zwischen den einzelnen Auswirkungen vielfältige Ursachen-Wirkungs-Beziehungen. Worauf man Prüfen sollte, ob es sich tatsächlich um Mobbing, oder Betrieblichen Problemen bzw. Sozialen Konflikten handelt.

Gruppendynamik

Gruppeneigenschaften

Wie sich der Charakter jedes Individuums durch das Ausmaß bestimmt, in dem seine Eigenschaften ausgeprägt sind, so hat auch jede Gruppe einen eigenen Charakter, der durch das Ausmaß bestimmt wird, in dem sich Gruppeneigenschaften zeigen. Die Formulierung: „... Ausmaß, in dem ..." suggeriert eine Messbarkeit. Viele Gruppeneigenschaften sind, wie sie sehen werden, in der Tat ziemlich genau zu messen, indem man feststellt, wie groß der Prozentsatz der Mitglieder ist, die diese Eigenschaft fördern. Gruppeneigenschaften entstehen in jeder Gruppe durch die Art des Zusammenarbeitens und durch die gehandhabten Normen und Werte.

Beim Beschreiben von Gruppeneigenschaften stoßen wir auf dasselbe Problem wie beim Feststellen von Charakterzügen bei Personen. Jeder postitive Charakterzug hat nämlich auch seinen negativen Gegenpol. So ist es auch mit Gruppeneigenschaften. Es sind eigentlich Qualitäten oder Verhaltensweisen, die nur dann etwas über den Charakter einer Gruppe sagen, wenn man angibt, wo die diesbezügliche Qualität auf einer auf einer vorgestellten Skala zwischen zwei entgegengesetzten Polen platziert werden müsste, z. B. die Gruppeneigenschaft „Effizienz" (Leistungsfähigkeit). Der Satz „Diese Gruppe ist effizient" hat wenig Bedeutung. Setzen wir aber einen Maßstab in folgender weise an:

äußerst effizient 10 – 9 – 8- bis 0, äußerst ineffizient

dann können wir mithilfe dieser Skala die Ausmaße der Effizienz einer Gruppe ziemlich genau angeben. Bei der Beschreibung der nun folgenden Gruppeneigenschaften sollten Sie also immer diese Skala vor Augen haben.

Die wichtigsten Eigenschaften einer Gruppe sind:

1. Autonomie

„Autonomie" gibt an, ob eine Gruppe fähig ist, unabhängig von anderen Gruppen oder von einem ernannten Führer zu funktionieren. Es wird auch etwas darüber ausgesagt, wie man mit Kritik von außen umgehen kann. Wenn z. B. eine Fußballmannschaft schlecht spielt als Folge einer Krankheit des Trainers oder als Reaktion auf eine negative Kritik in der Presse, dann ist der Grad der Autonomie in der Mannschaft niedrig.

2. Kontrolle

„Kontrolle" beinhaltet: die Erscheinung, dass Mitglieder einander beeinflussen und beurteilen und als Folge davon die individuelle Freiheit eines jeden beschränken. Wenn ein Kind Kleidung, die es selbst schön findet, nicht mehr anzuziehen wagt, weil die Schulkameraden die Kleidung „altmodisch" finden, ist der Grad der Kontrolle in der Klasse hoch.

3. Homogenität

Mit „Homogenität" wird angegeben, inwieweit die Auffassungen, Werturteile, Lebensweisen usw. der Gruppenmitglieder miteinander übereinstimmen.

Wenn alle Mitglieder einer Theatergruppe dieselbe Vorliebe für bestimmte Bühnenstücke, für dieselbe Art Humor usw. haben, ist in der Theatergruppe der Grad an Homogenität hoch.

4. Flexibilität

„Flexibilität" gibt die Anpassungsfähigkeit an, mit der unerwartete Geschehnisse, Enttäuschungen und Probleme aufgefangen und/oder gelöst werden.

Verliert ein Arbeitsteam in einem Betrieb sofort seine Motivation, weil seine Arbeitsresultate einmal enttäuschend sind, ist der Grad der Flexibilität des Arbeitsteams niedrig.

5. Kohäsion

Unter „Kohäsion" verstehen wir das Zusammengehörigkeitsgefühl. Wenn Mitglieder einer Ausbildungsgruppe in einer Polizeischule auf Kosten der anderen versuchen, sich zu profilieren um gute Beurteilungen zu bekommen, ist die Kohäsion der Gruppe niedrig.

6. Intimität

„Intimität" beinhaltet die Vertraulichkeit, das Teilen von persönlichen Erfahrungen, körperlicher Vertrautheit. Wenn in einer Wohngruppe die Mitglieder einander bei Krankheit versorgen, einander bei Trauer trösten, zusammen feiern usw., dann ist die Intimität der Gruppe groß.

7. Bezogenheit

„Bezogenheit" wird bestimmt durch die Menge an Zeit und Energie, die die Mitglieder freiwillig für die Gruppe verwenden. Wenn in dem Elternrat einer Grundschule nur wenige Mitglieder bereit sind, sich für verschiedene Aktivitäten wie Weihnachtsfeiern, Schulreisen, Spieltage usw. einzusetzen, ist der Grad der Bezogenheit in der Gruppe niedrig.

8. Effizienz

„Effizienz" gibt an, ob eine Gruppe zielgenau, effektiv und schnell arbeiten kann. Wenn in einer Familie eine sinnvolle Aufgabenverteilung existiert, d. h. der Haushalt, die Urlaubsplanung, die Vorbereitungen für ein Fest usw. ohne viel Reibereien verlaufen, ist der Grad der Effizienz dieser Familie hoch.

9. Stabilität

„Stabilität" gibt das Ausmaß an, in dem eine Gruppe in ihrer Zielsetzung, der Arbeitsweise und der Normen stabil (gleich) bleibt. Wenn ein Kabinett ständig seine Pläne korrigiert, seine Zielsetzungen nicht einhält und seine Versprechen nicht wahr macht, ist die Stabilität dieser Gruppe niedrig.

10. Stratifikation

„Stratifikation" bedeutet wörtlich: Schlichtung. Als Gruppeneigenschaft deutet das auf das Ausmaß von Machtverhältnissen, das Ausmaß von Ungleichheit der Mitglieder in einer Gruppe hin. Die Stratifikation einer Gruppe ist sehr hoch, wenn es z. B. in einer Internatsgruppe einen autoritären Führertyp gibt, der das Geschehen bestimmt, dazu noch ein paar Unterführer existieren, die den Führer unterstützen, und der Rest der Gruppe aus so genannten Randfiguren besteht.

Praktische Anwendung

Wir können nicht allgemein sagen, dass ein hoher oder niedriger Grad einer bestimmten Eigenschaft etwas Positives oder etwas Negatives über eine Gruppe aussagt. Das spezifische Ziel einer Gruppe und die Bedürfnisse der Mitglieder bestimmen in starkem Maße, welche Eigenschaften fördernd oder gerade hinderlich für das gute Funktionieren einer Gruppe sind.

So wird es für eine Arbeitsgruppe in einem Betrieb z. B. günstig sein, wenn der Grad an Effizienz, Autonomie, Flexibilität und Stabilität hoch ist. Für eine Bastelgruppe dagegen ist vor allem ein hoher Grad an Eigenschaften wie Kohäsion, Intimität und Bezogenheit wichtig.

Wenn klar ist, was eine Gruppe will und wie sie arbeiten möchte bietet die Kenntnis der genannten Eigenschaften einer Gruppe die Möglichkeit, ziemlich genau die Stärken und die Schwächen einer Gruppe festzustellen. Bei Problemen hinsichtlich des Funktionierens der Gruppe kann man dann einfacher feststellen, wo Ursachen liegen und wie Probleme gelöst werden können.

Stellen Sie sich vor, dass die Beurteilung der Eigenschaften einer Gruppe von Freiwilligen, die in einem Jugendtreff arbeitet, anhand der beschriebenen Eigenschaften auf der Sechspunktskala folgendermaßen aussieht:

Autonomie	4
Kontrolle	2
Homogenität	6
Flexibilität	4
Kohäsion	1
Intimität	6
Bezogenheit	1
Effizienz	2
Stabilität	3
Stratifikation	1

Auch ohne etwas mehr von dieser Gruppe zu wissen, können wir uns anhand dieser Zahlen doch ein ziemlich klares Bild von der Atmosphäre und dem Funktionieren dieser Gruppe machen: Es muss eine Gruppe sein, in der die Mitglieder auf der Basis von Gleichwertigkeit demokratisch den Geschäftsgang regeln. Die Mitglieder sind miteinander sehr vertraut, ohne aber die persönliche Freiheit des anderen zu beeinträchtigen. Die Gruppe hat wenig bindende Normen und steht Änderungen ziemlich offen gegenüber. Sie scheint unerwarteten Geschehnissen und Enttäuschungen gut gewachsen zu sein, ist aber nur mäßig effizient im Realisieren ihrer Zielsetzungen.

Wahrscheinlich hängt Letzteres mit der Freiheit zusammen, die man einander lässt, bzw. mit der Gleichwertigkeit der Mitglieder untereinander. Dadurch könnten den Entscheidungen vielleicht lange demokratische Überlegungen vorausgehen.

Gruppenrollen

Gruppenrollen

Wenn eine Person regelmäßig dieselben Aufgaben übernimmt oder regelmäßig gleiche Beiträge zum Funktionieren einer Gruppe leistet, sprechen wir von einer Gruppenrolle. Hierbei gibt es wichtige und weniger wichtige Rollen.

Führungsrollen

Die am klarsten ins Auge springende Gruppenrolle ist natürlich die des Führers. Beim Führen müssen wir den Unterschied machen zwischen einer formellen und einer informellen Führerrolle.

Der formelle Führer ist jemand, der offiziell für diese Funktion ernannt worden ist; genaugenommen steht er über der Gruppe.

Der informelle Führer ist ein Gruppenmitglied, das auf die anderen Mitglieder einen starken Einfluss hat und einen so zentralen Platz in der Gruppe einnimmt, dass es die anderen Mitglieder stark bei Gruppenaktivitäten beeinflusst.

Manchmal gibt es in einer Gruppe zwei informelle Führer, einen in Bezug auf den thematischen Prozess (Entwicklungen auf dem Gebiet der Gruppenzielsetzungen oder Themen) und einen in Bezug auf den reaktionalen Prozess (Entwicklungen auf dem Gebiet der gegenseitigen Beziehungen). Der thematische Führer entlehnt seine Macht seiner speziellen Sachkenntnis, Geschicklichkeit oder Tüchtigkeit auf dem Gebiet der Aktivitäten, die die Gruppe wahrnimmt. Der reaktionelle Führer verdankt seine Führungsrolle seiner Popularität, seiner sympatischen Ausstrahlung, seiner Fähigkeit, mit den Gruppenmitgliedern gute Beziehungen einzugehen, sie zu pflegen und gegenseitige Beziehungen zu stärken.

In Gruppen, in denen Aktivitäten verschiedener Art stattfinden, kann man beobachten, dass die informelle Führerrolle bei jeder Teilaktivität wechselt. Das Verhalten sowohl des formellen als auch des informellen Führers bestimmt in hohem Ausmaß die demokratische oder nichtdemokratische Sphäre und Struktur einer Gruppe.

Rollenverteilung einer Gruppe

In einer autoritär geführten Gruppe werden fast alle Aufgaben und Rollen durch den Führer selbst erfüllt.

In einer demokratisch geführten Gruppe aber können Führungsaufgaben zum Teil auch von Gruppenmitgliedern erfüllt werden.

Für eine gute Aufgaben- oder Rollenverteilung in einer Gruppe müssen zwei Bedingungen erfüllt werden:

- alle wichtigen Aufgaben müssen innerhalb einer flexiblen Gruppe erfüllbar sein,

- jedes Gruppenmitglied muss so gut wie möglich die Aufgaben erfüllen, die mit seinem Wesen und seinen Bedürfnissen übereinstimmen.

Negative Verhaltensweisen

Neben konstruktiven Rollen gibt es Verhaltensweisen, die nicht dem guten Funktionieren einer Gruppe dienen, sondern auf die Erfüllung von eigenen Bedürfnissen auf Kosten der Gruppe gerichtet sind. Wir können sie die negativen Rollen nennen:

Die herabsetzende Rolle:

setzt andere herab, missbilligt oft, fällt andere an, hält sturköpfig an seinen eigenen Ideen fest, ist übertrieben kritisch usw.

Die Bestätigung suchende Rolle:

verlangt viel Aufmerksamkeit, setzt sich selbst ständig in den Vordergrund, kämpft, um nicht in eine minderwertige Position gedrängt zu werden, akzeptiert keine einzige Art von Führung usw.

Die nicht-bezogene Rolle:

investiert wenig in die Gruppe, ist nachlässig mit Absprachen, kommt oft zu spät, umgeht mit Ausreden, Flausen oder Witzen eigene Verantwortung, ist zynisch anstatt enthusiastisch usw.

Die (über-)beherrschende Rolle:

hört wenig auf andere, bringt Meinungen und Ideen auf autoritäre Art vor, verträgt keine Kritik usw.

Die hilfesuchende Rolle:

versucht Aufmerksamkeit zu erregen durch Gefühle der Abhängigkeit oder Unsicherheit.

Nahezu nie kommt es vor, dass die hier beschriebenen Rollen ausschließlich durch ein und dieselbe Person eingenommen werden. Jeder nimmt gelegentlich Teile von jeder Rolle ein, aber meistens ist doch in einer Gruppe deutlich, welche Funktion jeder in der Gruppe hat. Die meisten der genannten Rollen entstehen spontan, ohne dass etwas abgesprochen worden ist. Es kann passieren, dass hierdurch Ungleichheit in der Aufgabenverteilung oder Starrheit in der Aufgabenerfüllung entsteht. Es kann auch sein, dass jemand eine Rolle angenommen hat, die nicht oder nicht mehr mit seiner Art oder seinen Bedürfnissen übereinstimmt. In einem späteren Stadium ist es dann oft schwierig, davon wieder wegzukommen.

Deshalb ist es nützlich, dass die Rollenverteilung in einer Gruppe ab und zu wieder zur Diskussion gestellt wird und die Möglichkeit besteht, einiges zu ändern.

Die Outcast-Rolle

Eine spezielle Aufmerksamkeit verdient die Rolle des „Outcast", auch das „schwarze Schaf" oder Außenseiter genannt. In manchen Gruppierungen, gibt es Personen, die eine Verhaltenskomponente aufweisen, die nicht völlig ernst genommen wird, und die daher im Mittelpunkt des Spottes stehen.

Outsider leiden meist an einer neurotischen Form von Aggression und haben ein geringes Selbstwertgefühl. Auch diejenigen, die einen Mangel an Selbstvertrauen und unsicheres Verhalten aufweisen, können in einer Gruppe die Rolle des „schwarzen Schafes" zugeteilt bekommen. Wenn man diese genannten Verhaltensweisen aufweist, kann man sozusagen dazu „prädestiniert" (vorherbestimmt) sein, in Gruppen der Outcast zu werden.

Einen Outcast aus einer Gruppe zu entfernen hat also meistens für die Person selbst wenig Sinn, da sie in einer anderen Gruppe auch wieder schnell in eine Outcast-Rolle hineingeraten wird.

Aus Gruppendynamischer Sicht betrachtet kann man sagen, dass der Outcast für die Gruppe eine „nützliche" Funktion erfüllt. Er erfüllt dann – wenn er sich einmal in der Gruppe befindet – die Funktion des „Sündenbocks". Die anderen Gruppenmitglieder (ge-)brauchen ihn, um ihre Unzufriedenheit, ihre

Aggression, ihre Ohnmacht und ihre Schuldgefühle abzureagieren. Hierdurch hat eine eventuelle Entfernung oder die Abreise eines Outcasts aus einer Gruppe oft zur Folge, dass Spannungen entstehen. Nicht allein deshalb, weil kein „Sündenbock" mehr da ist, an dem man seine Spannungen abreagieren kann, sondern auch, weil eine „Sündenbock-Rolle" in der Gruppe entstanden ist, die nun vakant (frei) ist. Jeder wird also auf der Hut sein, um nicht in die Outcast-Rolle hineinzugeraten, was wieder Spannungen hervorrufen kann.

Gruppen in der Organisation

Abteilungen und Aufteilungen

In den meisten Organisationen existieren verschiedene Abteilungen, die ihre eigenen Aufgaben haben. Teamwork ist daher meistens eine der Voraussetzungen für das gute Funktionieren der Organisation. Die einzelnen Abteilungen haben viel Einfluss auf die Mitglieder ihrer Gruppe, auf andere Gruppen, aber auch auf die Organisation als Ganzes.

Die Zielsetzungen der Organisation z. B. 10 tsd. Autos pro Jahr zu liefern, kann nur durch eine sinnvolle Verteilung der Aufgaben erreicht werden. So entstehen in der Organisation Gruppen mit eigenen Aufgaben und Verantwortungen. Arbeitsteilung ist also ein wichtiges Kennzeichen der Organisation.

Verschiedene Gruppenformen

Auch in der Organisation gibt es formelle und informelle Gruppen. Formelle Gruppen haben die Aufgabe, der Zielsetzung der Organisation nachzustreben. Das sind z. B. die Verkaufsabteilung, das Direktionsteam usw.

Meistens hat ein Arbeitnehmer nicht ausschließlich nur mit Mitgliedern der formellen Gruppe, zu der er gehört, Kontakt, sondern auch mit Mitgliedern anderer formeller Gruppen. Diese letztgenannten Kontakte sind oft persönlicher Art. Man geht kameradschaftlich miteinander um. ein Skatclub ist ein Beispiel für eine solche informelle Gruppe, weil die Mitglieder nicht den Zielsetzungen der Organisation oder dem Verein nachstreben und die Gruppe nicht in die Machtstruktur der Organisation oder dem Verein mit einbezogen worden sind.

Meistens haben die Mitglieder einer informellen Gruppe ungefähr denselben „Rang" in der Organisation. Solche Gruppen werden horizontale informelle Gruppen genannt. doch es gibt auch vertikale informelle Gruppen. Diese Gruppen bestehen aus Menschen mit verschiedenen Positionen oder Rängen innerhalb der Organisation. so eine Gruppe kann z. B. aus einigen Produktionsmitarbeitern, Abteilungsleitern und Direktoren bestehen. Solche Gruppen können entstehen, weil sich Arbeitnehmer aus verschiedenen Schichten der Organisation besser kennen lernen wollen. Es kann auch sein, dass sich diese Gruppenmitglieder bereits persönlich kennen, weil sie z. B. dem gleichen Verein angehören.

Soziale Kontakte

Eine moderne Organisation wird das Entstehen von informellen Gruppen stimulieren (anregen). Die Organisation beweist damit nämlich, dass die Arbeitnehmer mehr sind als ein Rad in der Maschinerie der Organisation. Man begreift, dass der Mensch ein soziales Wesen ist und daher auch ein Bedürfnis nach sozialen Kontakten hat, die auch einen Beitrag für die persönliche Entfaltung liefern können.

Entfremdung

Wir beleuchten kurz den Begriff Entfremdung. Entfremdung bedeutet, dass Menschen sich untereinander oder ihrer Umgebung entfremdet fühlen. Sie sind nicht mehr aufeinander bezogen oder die Umgebung kommt ihnen unvertraut vor.

Entfremdung nach Karl Marx

Der Begriff „Entfremdung" ist zum ersten Mal von Karl Marx (1818-1883) benutzt worden. Nach Marx sind die Arbeiter im kapitalistischen, industriellen Zeitalter dem Endprodukt, der Arbeit und sich selbst entfremdet. Früher konnten die Menschen für ihren eigenen Lebensunterhalt sorgen: Was sie nötig hatten, machten sie selbst. Man konnte selbst entscheiden, was man mit diesen Produkten machte, ob man sie z.

B. für den eigenen Gebrauch oder zum Tauschhandel einsetzte.

Die Arbeiter heutzutage haben nicht mehr über die Endprodukte zu bestimmen. Diese werden mit Gewinn verkauft, und als Gegenleistung für deren Produktion empfängt der Arbeiter seinen Lohn. Der Arbeitnehmer ist also seinem Endprodukt entfremdet und damit auch seiner Arbeit. Die Arbeit hat etwas Unpersönliches bekommen, denn man arbeitet nicht auf ein Produkt hin, das man selbst gebrauchen oder tauschen kann. Nach Marx werden die Arbeiter in ihrer Arbeit dadurch nicht bestätigt und können sich nicht glücklich fühlen. Sie arbeiten jeden Tag: nicht für sich selbst, sondern für den Chef. Nur wenn sie wieder zuhause sind, können sie erneut das Gefühl bekommen, sie selbst zu sein. Weil der Arbeiter in seiner Arbeit nicht er selbst sein kann, entfremdet er sich auch von sich selbst. Entfremdung hat somit, laut Marx, mit Machtlosigkeit, Sinnlosigkeit und Isolation zu tun.

Machtlosigkeit

Der Arbeiter hat kaum einen Einfluss auf seine Situation, auf die Arbeitsumstände und auf die Politik der Organisation.

Heute kann er auf indirektem Weg, d. h. über die Gewerkschaft, einigen Einfluss ausüben.

Sinnlosigkeit

Der Arbeiter hat keine Einsicht mehr in den Zweck seiner Arbeit. Er hat nur Einsicht in einen kleinen Teil des Ganzen. Das gilt vor allem für Arbeiter in großen Betrieben. Am Ende des Produktionsprozesses hat er das Produkt aus den Augen verloren. Was weiter damit passiert, kann er nur vermuten. Dadurch entgeht dem Arbeiter der Sinn seiner Arbeit.

Isolation

Als Folge der genannten Vorstellungen von Marx kann sich ein Arbeiter nicht als Teil des ganzen fühlen. Dadurch kann er sich auch nicht mit der Gesamtorganisation identifizieren. Der große Betrieb ist zu unpersönlich geworden, um sich darin persönlich einbezogen zu fühlen.

Sozialisation und Nicht- Anpassung

Sozialisation und (Nicht-)Anpassung

In der Kommunikation sind bislang zwei Richtungen sichtbar geworden:

1. Das Individuum gegenüber einem anderen Individuum

2. Das Individuum gegenüber einer Gruppe oder als Mitglied einer Gruppe

Nun gibt es noch eine dritte Richtung

3. Das Individuum gegenüber der Gesellschaft oder als Mitglied der Gesellschaft

Das Individuum als Mitglied der Gesellschaft

In jeder Gesellschaft sind zahllose Gruppen verschiedener Art zu unterscheiden. Wie unterschiedlich jedoch die Gruppen auch sein mögen, so kann doch von jeder Gruppe gesagt werden, dass sie mehr ist als nur eine Ansammlung von Menschen. Die Mitglieder einer Gruppe sind voneinander abhängig, wenn sie ein bestimmtes Ziel erreichen wollen. So streben Arbeitgeber und Arbeitnehmer einer Autofabrik z. B. gemeinsam danach, eine festgelegte Zahl Autos pro Jahr zu produzieren.

Um ein bestimmtes Ziel erreichen zu können, ist eine gute Zusammenarbeit erforderlich, aber auch eine angenehme Atmosphäre und eine klare Struktur.

Struktur

Mit „Struktur" ist hier an erster Stelle gemeint, dass jedes Gruppenmitglied eine deutlich umschriebene Aufgabe oder Funktion hat: Alle Gruppenmitglieder wissen, was voneinander erwartet werden kann.

An zweiter Stelle verweist der Begriff „Struktur" auf Regeln und Vorschriften, die gehandhabt werden, um klarzustellen, was erlaubt ist.

Die Armee ist ein Beispiel für eine Gruppe mit einer sehr klaren Struktur. Es eine straffe Aufgabenverteilung. Es gelten zahlreiche Regeln und Vorschriften.

Eine Reisegesellschaft ist ein typisches Beispiel für eine Gruppe mit wenig Struktur. Es gibt wenig Regeln; es fehlt eine deutliche Aufgabenabgrenzung.

Die Regeln, Auffassungen und Überzeugungen, die in jeder Gruppe bestehen, haben einen großen Einfluss und auf die Persönlichkeitsentwicklung der Mitglieder. Von den individuellen Gruppenmitgliedern wird erwartet, dass sie sich an die Regeln halten, sich an die allgemein geltenden

Auffassungen anpassen bzw. sich diese Auffassungen zu eigen machen.

Jeder Mensch ist ein Teil der Gesellschaft. Auch innerhalb der Gesellschaft gelten viele Vorschriften. Es gibt Regeln, die Einfluss auf jedes Mitglied der Gesellschaft haben. Dieser Prozess der Beeinflussung, bei dem jedes Individuum ständig vor der Wahl steht, sich frei- oder unfreiwillig, ganz oder nur zum Teil anzupassen wird Sozialisationsprozess genannt. Man versteht darunter die Anpassung, die Einordnung des Individuums in die Normen, Werte und Verhaltensstandards einer Gesellschaft. Das bedeutet für jeden Einzelnen, seinen Platz in der Gesellschaft zu finden und seine Rolle innerhalb der Gesellschaft zu spielen.

Normen, Werte

Diese drei Begriffe sind innerhalb des Sozialisationsprozesses von großer Bedeutung, deshalb gehe ich näher darauf ein.

Normen

Jede Gruppe hat ihre eigenen Normen (Verhaltensregeln), die angeben, welches Verhalten in einer bestimmten Situation erwartet wird, z. B. wie spät gegessen wird, wie mit Besitz von anderen umgegangen werden muss, wie die Arbeit verteilt wird usw. Im täglichen Leben sind wir uns nicht so klar aller Normen bewusst, die unser Verhalten beeinflussen. Das ist auch nicht möglich, denn es gibt in jeder Gesellschaft zu viele Normen, um sie in jedem Moment bewusst vor Augen zu haben.

Formelle und informelle Normen

In jeder Gruppe gibt es neben einer Zahl offizieller Vorschriften auch viele unausgesprochene Regeln, so genannte informelle Normen. Die Tatsache findet sich auch in der Gesellschaft.

Die formellen Normen der Gesellschaft sind die Verhaltensregeln, die auf die eine oder andere Art offiziell festgelegt worden und in einem Gesetzbuch, einem Regelwerk oder dergleichen für jedermann nachzulesen sind.

Es gibt aber in jeder Gesellschaft auch zahllose informelle Normen, die nirgends eindeutig festgelegt sind. Diese Normen geben nicht an, dass etwas erlaubt oder verboten ist, sondern bestimmen, dass „sich etwas nicht gehört", „dass man so etwas nicht tut". Man geht nicht mitten auf der Straße und singt laut. Das gehört sich nicht. Man fragt nicht den Schalterbeamten, bei dem man eine Fahrkarte bestellt, ob er gut geschlafen hat. Lebt man in einer bestimmten Gesellschaft, wird man diese informellen Normen fühlen oder entdecken.

Sanktionen

Wo Normen bestehen, gibt es auch Sanktionen (Zwangsmittel, Strafen). Es wird immer Menschen geben, die mit den geltenden Normen nicht einverstanden sind, sie ignorieren oder sich weigern, sich an diese Regeln zu halten. Sie zeigen „abweichendes" Verhalten oder verkünden Auffassungen, die nicht mit den Normen einer Gruppe oder der Gesellschaft übereinstimmen. In den meisten Gruppen, sicher aber in jeder Gesellschaft, wird man versuchen, diese Personen durch Sanktionen wieder zum Funktionieren zu bringen. Abweichendes Verhalten hat nämlich einen mehr oder weniger bedrohlichen Charakter für jede Gruppe und auch für die Gesellschaft. Dieses Verhalten bringt die Gruppe, bzw. Gesellschaft, ihre Ordnung, ihr Bestehen in Gefahr.

Welche Sanktionen angewandt werden, hängt von verschiedenen Faktoren ab. Für die formellen Normen gibt es auch formelle Sanktionen. Für die informellen Normen werden auch informelle Sanktionen angewandt, z. B. das Negieren von jemanden, der sich unanständig verhält, oder diesen Menschen gerade am Arbeitsplatz durch Mobbing zu schaden.

Vorteile von abweichendem Verhalten

Abweichendes Verhalten wird meistens als negativ betrachtet. Doch kann es auch eine wichtige positive Bedeutung für die Gesellschaft haben. Durch nicht angepasstes Verhalten von einigen Personen kann sich in der Gesellschaft langsam das Bewusstsein entwickeln, dass bestimmte Normen erstarrt, zu traditionell, überholt usw. sind. Solche Normen passen eigentlich nicht mehr in die Zeit und bedürfen dringend einer Erneuerung. Die Gesellschaft als Ganzes ist aber von Natur aus eher traditionsgebunden und ändert bestehende Normen nicht einfach ab.

Deshalb sind solche Menschen wichtig, die bestehenden Normen auch zu kritisieren und zu übertreten wagen. Andere werden dadurch wachgerüttelt und werden sich der Sinnlosigkeit bestimmter Verhaltensregeln bewusst.

Werte

Die Begriffe „Normen" und „Werte" werden oft in einem Atemzug genannt, ohne die präzise Bedeutung dieser Worte zu kennen.

Werte sind keine konkreten Verhaltensregeln wie Normen. Werte sind abstrakt; es sind allgemeine Prinzipien, auf die in einer bestimmten Gesellschaft Wert gelegt wird. Sie werden allgemein als erstrebenswert empfunden. Dabei können wir z. B.

an demokratische Gesinnung, Freiheit der Meinungsäußerung, Zusammengehörigkeit, Kunst oder materiellen Wohlstand, Besitz von Macht usw. denken.

Der Grund, dass Werte oft mit Normen in einem Atemzug genannt werden, liegt darin, dass Werte und Normen eng miteinander verbunden sind. Um Werten Form und Inhalt zu geben, sind nämlich Verhaltensregeln nötig, die uns zeigen, wie wir nach bestimmten Werten leben können.

Normen können also auch als Konkretisierungen von Werten aufgefasst werden. Sie geben ganz konkret an, wie nach bestimmten Werten gelebt werden soll.

Der Sozialisationsprozess

Wie bereits gesagt, muss sich jeder Mensch mehr oder weniger an die in einer Gruppe geltenden Normen und Werte anpassen. Das gilt noch stärker für die in der Gesellschaft geltenden Normen, weil man, auch bei Widerwillen, dazugehört und nur schwer austreten kann. Das ist wohl bei vielen Gruppen nur möglich, wenn man sich nicht mit den dort herrschenden Normen und Werten einverstanden erklären kann.

Anpassung ist ein Lernprozess, der in der Psychologie Sozialisationsprozess genannt wird. Seine Theorie ist sowohl auf jede Gruppe als auch auf die Gesellschaft anwendbar:

Der Mensch ist ein soziales Wesen. Das beinhaltet u. a., dass er in bestimmte Gruppen aufgenommen und respektiert werden will. Aus Angst vor Abweisung und Isolation durch die Mitglieder einer Gruppe sind Menschen im Allgemeinen geneigt, sich den gängigen Regeln anzupassen und die herrschenden Meinungen und Überzeugungen zu übernehmen. Nicht akzeptiert oder ausgeschlossen zu werden ist sehr unangenehm und beängstigend und kann das Selbstwertgefühl negativ beeinflussen. Diese Anpassung kann durch zweierlei Vorgehen erfolgen:

- Konformität

- Identifikation

Konformität und Identifikation

Wir sprechen von Konformität, wenn man angepasstes Verhalten zeigt, ohne eine positive Einstellung hinsichtlich der herrschenden Normen und Werte zu entwickeln. Diese Anpassung findet ausschließlich statt, um nicht aufzufallen und um Konflikten mit anderen aus dem Weg zu gehen.

Konformität hat darum für viele Menschen eine negative Bedeutung, denn es beinhaltet oft auch, dass jemand sich nicht traut, er selbst zu sein. Man gibt etwas von seiner eigenen Identität her, um in die Gruppe aufgenommen zu werden.

Aber wer kann von sich schon behaupten, dass er überall und immer er selbst ist? Man müsste sich selbst ganz genau kennen und genau wissen, wer man wirklich ist. Das ist eine fast unmögliche Aufgabe, denn wir haben keine abgeschlossene Entwicklung hinter uns, sondern sind immer „in der Enstehung" begriffen. Es gibt immer etwas zu lernen, es gibt immer Anlass, seine Ansichten zu ändern, es gibt immer Dinge, von denen wir noch keine klare Meinung haben. Mit anderen Worten: Es gibt immer eine Entwicklung, die wir noch vor uns haben.

Wir werden uns daher wohl oft konform verhalten müssen, alleine schon aus Mangel an Kenntnis oder Einblick. Wir passen uns dann in unserem Verhalten an. In einem späteren Stadium ist Anpassung aus eigener Überzeugung vielleicht möglich. Oder aber wir entschließen uns, uns nicht länger anzupassen. Konformität behindert natürlich die Entwicklung der eigenen Identität, wenn man sich nie traut, eine abweichende Meinung zu äußern oder wenn man sich immer anpasst.

Man spricht von Identifikation, wenn man angepasstes Verhalten aus einer positiven Einstellung gegenüber den herrschenden Normen und Werten heraus zeigt. Man macht diese dann zu seinen eigenen Normen und Werten, zu seinem „persönlichen Eigentum", man steht völlig dahinter, mit anderen Worten: Man identifiziert sich damit.

Konflikte

Konflikte

Nichts ist schwerer zu ertragen als eine Reihe von schönen konfliktfreien Tagen.

(verändert nach J.W. von Goethe)

Konfliktfähigkeit und Konfliktkompetenz sind populäre Wörter. Workshops und Seminare zu diesen Themen werden häufig nachgefragt. Meist sollen sich dann „die anderen" oder die Mitarbeiter Konfliktfähigkeit aneignen. Wenn andere sich ändern sollen, wird dadurch manchmal nur ein gesellschaftliches oder unternehmensinternes strukturelles Problem personalisiert: Dann sollen sich Personen ändern, und sie sollen lernen, mit ihren Konflikten und Problemen umzugehen. Die Auftraggeber solcher Seminare sparen andere Perspektiven dann aus.

Zahlreiche Bücher beschäftigen sich mit der neuen Schlüsselkompetenz Konfliktmanagement. Das Thema ist aber nicht neu: Kämpfe, Kampfreden, Kriege, Wettkämpfe, Konkurrenz, familiäre und persönliche Fehden, Mobbing, häusliche Gewalt – all dies gab es schon vor langer Zeit und gibt es auch noch heute. Konflikte entstehen auch nicht häufiger als früher, in einer modernen Welt mit Generationenmix, Ethnomix, Veränderung von Objekt- und Subjektsphäre. Das sind nur neue Zündpunkte für das

Phänomen Konflikt. Das Thema ist also sehr alt und war schon immer da. Wichtig ist es jedoch trotzdem, denn schwelende und falsch ausgetragene Konflikte binden viel Energie, die woanders effektiver genutzt werden kann.

Durch die Erkenntnisse der Psychologie, der Soziologie und durch unsere moderne Bildungsstruktur haben wir heute einen tieferen, schnelleren und breiteren Zugang zu diesem Thema. Und wir beziehen heute auch innere Konflikte in unsere Betrachtung mit ein, wo früher der Schwerpunkt meist auf Konflikte in und mit der Außenwelt gelegt wurde.

Eines ist aber wichtig: Eine Welt ohne innere und äußere Konflikte wird es nicht geben; das widerspräche unseren biologischen Wurzeln. Es geht auch nicht darum, größtmögliche Friedfertigkeit oder Seelenruhe zu erlangen.

Konflikte sind überall in uns und um uns. Sie können lästig sein durch ihre Treue und Allgegenwärtigkeit; sie können aber auch freundlich und lehrreich sein, indem sie uns Wahrheiten über unser Innerstes und unsere Stellung zu anderen Menschen sagen. Wir haben heute die Möglichkeiten, diese „lehrreichen Freundlichkeiten" anzuschauen, daraus zu lernen und unser Handeln zu verändern.

Wenn gleichzeitig Tendenzen (Wünsche, Bedürfnisse, Ziele, Entscheidungen, Handlungen usw.) auf einander treffen, die unvermeidbar scheinen, liegt ein Konflikt vor. Dabei empfinden wir einen Handlungs- oder Lösungsdruck.

Konflikt-Ursachen nehmen immer ihren Ausgangspunkt im subjektiven Erleben eines Menschen oder einer Menschengruppe. Es handelt sich somit nicht um Wahrheiten, sondern um individuelle oder soziale Konstrukte der Wirklichkeit.

Konfliktfähigkeit

Konfliktfähigkeit bezieht sich oft auf zwischenmenschliche Konflikte; sie zeigt sich in der direkten Auseinandersetzung mit dem Konflikt. Es nutzt also wenig, wenn wir lediglich Wissen oder Modelle über Konflikte zu erwerben, erst unser kompetentes Handeln im Konflikt ist Konfliktfähigkeit.

Zwischenmenschliche Konflikte

Interpersonelle Konflikte liegen vor, wenn wenigstens zwei Personen eine Unvereinbarkeit im Fühlen, Meinen, Handeln, Denken oder Wollen haben. Zwischenmenschliche Konflikte haben jedoch auch etwas mit dem eigenen Selbstbild zu tun: Wenn Sie meinen oder wissen, dass eine andere Person Sie anders sieht, wenn sie Sie nicht bestätigt, wenn sie Ihre Rollendifferenzierung beschneidet, Ihre Individuation behindert, Ihnen Minderwertigkeitsgefühle einflößt ..., dann haben Sie ein Problem mit dieser Person. Auch zwischenmenschliche Probleme haben also ihre Wurzeln in den tiefenpsychologischen Modellen. Und sie können ebenso bewusst, bewusstseinsnah und unbewusst sein. Auch hier sind die Übergänge wieder fließend, was die Bewusstheit und auch die Abgrenzung zu inneren Konflikten oder Gruppenkonflikten anbelangt.

Menschen haben ein feines Gespür dafür, ob ein Konflikt mit einem anderen Menschen vorliegt. Auch Menschen in unserem näheren Umfeld, die uns kennen und vielleicht auch Mitglied in der gleichen Gruppe sind (Team, Abteilung usw.), nehmen gewöhnlich wahr, dass etwas in der Luft liegt. Für außenstehende Beobachter dagegen ist das schwieriger zu erkennen.

Welche beobachtbaren Veränderungen treten auf, wenn zwei Menschen einen Konflikt verspüren? Hier einige Beispiele:

- Sie vermeiden den Kontakt, gehen sich aus dem Weg, schauen sich kaum noch an und nehmen selten Blickkontakt auf

- Sie nehmen starren Blickkontakt auf und zeigen eine aggressive Mimik.

- Sie sind betont freundlich und überkorrekt.

- Sie sind mehr denn je auf die normale Arbeit konzentriert.

- Sie wenden ihre Körper voneinander ab.

- Sie wenden ihre Körper drohend einander zu.

- Sie reden leiser oder lauter.

Viele dieser beobachtbaren Veränderungen passen zu den bereits früher beschriebenen Reaktionsmustern: Flucht (abwenden) – Augen zu/Verleugnen (überkorrekt, auf die Arbeit konzentriert) – Angriff (starrer Blick, körperliche Drohgebärden).

Zwischenmenschliche Konflikte liegen hier zwar Nachweisbar vor, sind aber selten der Auslöser von Mobbing.

Persönliche psychische Störungen

Krankheitsbilder der psychischen Störungen

Neben Gruppendynamik, Organisationspsychologie den Betrieblichen Anforderungen usw., welche wir bisher Beschildert haben, gibt es aber auch noch die persönlichen Störungen.

Diese gelten im Sinne der WHO (Weltgesundheitsorganisation) als klinische Krankheitsbilder.

Psychische Störungen sind z. B.:

- Neurosen

- Depressionen

- Persönlichkeitsstörungen im allg. Sinne

Da dieses Themengebiet sehr ausgeweitet ist und wie beschrieben zum klinischen Krankheitsbild gehört, werde ich in diesem Buch nicht näher darauf eingehen. Diese Menschen befinden sich meist in ärztlicher Behandlung.

Durch diese Krankheitsbilder, grenzen sich diese Menschen meistens selbst von der Außenwelt ab, erledigen ihre Aufgaben. Sie sind meist sehr Sensibel, Aggressiv, Ängstlich und vorallem leicht zu Verletzen.

Sie fühlen sich als Außenseiter, haben Minderwertigkeitskomplexe oder kein bzw. nur geringes Selbstwertgefühl.

Hierdurch fühlen sich die Menschen, durch ihr eigenes Verhalten eher und einfacher als „gemobbt", wobei man hier diesbezüglich definitiv nicht von Mobbing reden sollte.

Nachwort

Ich hoffe, ich konnte Ihnen einen vielleicht anderen Einblick in den Sachverhalt des Mobbings geben. Jetzt können Sie entscheiden, ob es sich tatsächlich um Mobbing handelt, oder es sich weitaus um andere noch nicht berücksichtigte Sozialpsychologischen, Organisations-, oder anderen Menschlichen Aspekten handelt.

Literaturverzeichnis

Berkel, K.
Bröckermann, Reiner
Fabian-Schneider, Carola
Frieling, E. & Sonntag, K.
Hentze, Joachim
Hobmair, H.
Mauch, G. Wolfgang
Migge, Björn Dr.
Schuler, H.

Warum träumen wir und können wir unsere Träume beeinflussen?

psychologische Erklärungen

Prolog

Prolog

Wir alle träumen jede Nacht. Träume sind merkwürdige und sogar faszinierende Erscheinungen. Träume entziehen sich unserer bewussten Kontrolle, deshalb sind wir scheinbar passiv und willenlos. Träume gehören zu den wiederholenden Erlebnissen des Menschen und gehören zu den persönlichsten. Oft können wir uns kaum an das erinnern, was wir geträumt haben, dennoch haben wir den Eindruck, dass uns ein Traum wichtige Dinge zu sagen hat, aber meistens ist es äußerst schwierig, die verschleierte, in symbolischer Form dargestellte Information auf zuverlässige Weise zu entschlüsseln.

Wissenschaftlich ist der Traum ein schwer zugänglicher Bereich, der auch mit diversen Methoden nicht unbedingt aufschlussreich erscheint, weil die Traumbilder nicht objektiv wahrnehmbar sind. Man kann den Traum einer anderen Person nur durch deren Erzählungen kennen lernen. Bei der Erforschung eines Traums ist man also auf die Methode der Selbstbeobachtung angewiesen. Trotzdem sind viele experimentelle Untersuchungen über Träume gemacht worden, und zahlreiche Bücher über Traumdeutungen sind erschienen.

Traum enstammt aus dem germanischen Wort "draugma" und bedeutet nichts anderes als "Trugbild".

Traumwirklichkeit

Wenn man träumt, ist es, als würde man sich in eine andere Wirklichkeit begeben, in der andere Gesetze und Regeln gelten als in der Wachwirklichkeit. Träume sind an unsere körperlichen Vorgänge gebunden, wie es in den nächsten Teilen dieses Buches noch erklärt wird. Doch letzten Endes stellen sie jedoch psychische (gedankliche) Erfahrungen dar, welche eine zusätzliche Lebensdimension verkörpern.
Denn " Das persönlichste was wir haben, sind unsere Träume" (S. Freud). Träume werden wie die Wirklichkeit und sehr real erlebt. Als nicht wirklich erkennen wir den Traum aber erst nach dem Aufwachen.

Ein Traum spielt sich meistens an bestimmten Orten ab, die aber häufig nur unklar voneinander abgegrenzt sind. Der Ort kann von einem Augenblick zum nächsten wechseln. Es kann sich ein Traum sogar an mehreren Orten abspielen.

Auch das Zeiterleben in einem Traum stimmt nicht mit der tatsächlichen Zeitdauer des Traums überein. Wenn der Träumer das Gefühl hat, dass etwas sehr lange dauert, ist das vor allem auf die Tiefe (Intensitiät) einer Traumerfahrung zurückzuführen.

Es kommt in der sogenannten Traumwirklichkeit praktisch nie vor, dass man das Verstreichen von Momenten (Minuten, Stunden) realistisch erlebt.

Beim Erwachen hat man oft das Gefühl, als hätte man die ganze Nacht geträumt, obwohl man in verschiedenen Untersuchungen festgestellt hat, dass ein Traum selten länger als eine halbe Stunde dauert. Wenn wir gefühlsmäßig stark beteiligt sind, erleben wir den Traum als länger andauernd. Wie Sie sicher aus eigener Erfahrung wissen, können unsere Träume von angenehmen und glücklichen Gefühlen begleitet sein, aber auch von starken Ängsten.

Durch das beschriebene veränderte Zeit- und Raumerleben erscheinen uns Träume bizarr. Sie muten uns manchmal fremdartig und absonderlich an.

Jede Person, die in einem Traum erscheint, kann plötzlich eine andere werden. Manchmal kann eine Traumfigur gleichzeitig mehr als eine Person darstellen. Bereits verstorbene Personen können in einem Traum wieder lebend auftreten und noch lebende Menschen in einem Traum bereits verstorben sein.

Die Gesetze von Ursache und Wirkung gelten in der sogenannten Traumwirklichkeit nicht. Man kann von einem hohen Turm auf die Erde fallen und unverletzt bleiben – oder im strömenden Regen herumlaufen, ohne nass zu werden.

Obwohl auch die Ergebnisse des Vortages in den Traum einfließen, sind Wünsche, Ängste und andere Gefühls-

und Affektzustände der träumenden Person
vorrangig.

Die Erklärung der Bedeutung eines Traums

Die Bedeutung, die einem Traum gegeben wird, hängt ab von den Auffassungen, die man über das psychische Funktionieren des Menschen hat. Im nachfolgenden stelle ich Ihnen nicht nur Theorien vor, sondern möchte auch praktische Hinweise zur Traumdeutung aufzeigen.

1) Der psychoanalytische Ansatz

   a) Nach Sigmund Freud kommen in Träumen verschiedene unbewusste Ängste, Wünsche und Motive in symbolischer (sinnbildlicher) Form zum Ausdruck. Im Unterschied zum Wacherleben ist im Schlafzustand die Kontrollfunktion von Ich und Über-Ich zu einem großen Teil ausgeschaltet. Die Abwehrmechanismen, die unerwünschte Triebe aus dem Unbewussten nicht ins Bewusstsein dringen lassen, sind weitgehend funktionslos.

   b) Jung sieht das Unbewusste als eine Quelle von Inspiration und Kreativität. Im Traum werden Inspirationen und kreative Prozesse in symbolischer Form zum Ausdruck gebracht. Deshalb hält es Jung für sehr bedeutsam, dass jeder lernt, seine eigenen Traumsymbole zu begreifen.

2) Der gestaltgebundene Erklärungsansatz

Die gestaltpsychologischen Grundlagen zum Verständnis von Träumen sind vor allem von dem bekannten Gestalttherapeuten Fritz Perls ausgearbeitet worden.

Perls geht davon aus, dass jedes Traumbild für sich genommen einen Aspekt eines inneren Konfliktes ausdrückt. Der Traum als Ganzes ist eine "Gestalt", in der alle Aspekte eines Konfliktes ein zusammenhängendes Ganzes bilden.

3) Der Erklärungsansatz aus der Selbsterfahrung

Der Ausgangspunkt der experimentellen Psychologie ist Ihnen bekannt: Nur diejenigen Traumphänomene können Gegenstand der Untersuchung sein, die objektiv wahrnehmbar, messbar und registrierbar sind. Die Trauminhalte, die nur durch Selbstbeobachtung erschließbar sind, gehören nicht dazu.

4) Der kognitive Erklärungsansatz

Kognition umfasst alles, was mit Lernen, Denken, Wissen, Sprache, Erinnern und verstandesmäßiger Einsicht zu tun hat. Die kognitive Psychologie sieht den Menschen vor allem als ein Individuum, das durch Lernen und Denken Informationen verarbeitet. Das dadurch erworbene Wissen wird im Gedächtnis gespeichert.

Träume sind demzufolge Vorstellungen oder Erinnerungen, die trotz des Schlafzustandes unbewusst von unserem denkenden System verarbeitet werden. Sie werden aber auf eine andere Art als im Wachzustand in die eine oder andere Form von Wissen umgesetzt.

5) Der parapsychologische Erklärungsansatz

Die Parapsychologie richtet ihre Aufmerksamkeit vor allen Dingen auf sogenannte paranormale (nicht mit den Gesetzen erklärbare) Erscheinungen in Träumen.

Es gibt Parapsychologen, die den Traumzustand als eine andere Art der Wirklichkeit betrachten, in der psychische Energien verschiedene Prozesse in Gang setzen und ihnen Form geben.

In vielen Traumtheorien findet man kombinationen der oben genannten Traumtheorien.

Der Traum aus psychoanalytischer Sicht

Die moderne tiefenpsychologische Traumdeutung beginnt mit Freud. Für ihn ist der Traum der Hüter des Schlafes. In der Psychoanalyse ist die Traumdeutung eine der wichtigsten Methoden.

Aber schon in uralten Zeiten haben die Menschen versucht, ihre Träume auf eine bestimmte Weise zu deuten.

Schon im alten Testament kann man lesen, wie Joseph die Träume des Pharaos interpretierte. In vielen frühen Hochkulturen und Religionen haben die Traumdeutungen einen hohen Stellenwert.

So gehen die östlichen Lehren von verschiedenen Bewusstseinzuständen aus. Der erste ist das sogenannte Schlafbewusstsein. Es handelt sich hierbei um einen Zustand des traumlosen Tiefschlafs, in dem der Körper weiterhin tätig ist.

Der nächste ist das Traumbewusstsein, d. h. der Zustand zwischen Körperbewusstsein und Wachbewusstsein, einem eigenständigen Bewusstseinszustand, der Informationen übermitteln und sich heilend auf das Körperbewusstsein auswirken kann.

Als dritter Bewusstseinszustand wird das Wachbewusstsein angenommen, das als Gesamtinhalt aller seelischen und geistigen Erlebnisse betrachtet werden kann. Dann gibt es noch einen vierten Bewusstseinszustand, bei dem es sich gewissermaßen um einen supra-mentalen Bewusstseinszustand handelt, der wie ein unsichtbares, schweigendes Energiefeld auch als Überbewusstsein oder Weltenseele (lat. anima mundi) bezeichnen.

Eine erste wissenschaftliche Deutung der Träume geht auf Platon zurück. Nach seiner Auffassung lag der Ursprung der Träume im Außen. Es waren die Götter, die Träume sandten und damit auf zukünftiges Geschehen hinweisen sollten; oder sie stammten einfach von Sinneseindrücken, die von außen auf den Träumer einstürmten. Er unterschied somit zwischen einem göttlichen Offenbarungstraum und einen physiologischen Begierdetraum.

In der christlichen Religion, die selbst reich an Symbolen, z. B. dem Kreuz und den symbolischen Handlungen z. B. das Abendmahl ist, wurde die Beschäftigung mit Träumen lange Zeit als ketzerisch abgetan, sodass man sich wenig um Träume und Traumdeutung kümmerte.

Auch in der Zeit des Rationalismus wurde der Traum als Ausdruck des dunklen, verworrenen Seelenlebens abgewertet.

Die Traumtheorie nach Sigmund Freud

Erst die Tiefenpsychologie, hier sind vorallem Sigmund Freud und Carl-Gustav Jung zu nennen, hat zu Begin des Jahrhunderts den Traum wieder in den Mittelpunkt des Forschungsinteresses gerückt. Freud sah als Traumquelle unser Inneres an, das er das Unbewusste nannte. Der Traum galt als wichtiges, wenn nicht wichtigstes Hilfsmittel auf dem Weg zur Erforschung des Unbewussten. Somit wurde der Traum zum Forschungsprojekt der modernen Wissenschaft.

Bei der Traumanalyse geht man davon aus, dass die Botschaften in Symbolen oder symbolischen Handlungen an den Träumer übermittelt werden.

Ein Symbol kann begrifflich oder gar verstandesmäßig nie ganz erfasst werden. Es vereint viele psychische Erfahrungen und stellt somit einen Ausdruck für seelisches Geschehen dar. Diese Symbole müssen in der Traumanalyse gedeutet, das heißt in die logische Sprache des Wachzustandes umgesetzt und ihre Inhalte entschlüsselt werden.

Freud bezeichnete in seinem Werk "Die Traumdeutung" den Traum als Königsweg zum Unbewussten.
Freud sah im Menschen zwei mächtige energiegeladene Tendenzen, die sich gegenseitig bekämpfen: das Lustprinzip und das Realitätsprinzip.

Er nahm an, dass Lusterfüllung der Lebenszweck sei und dass die Information der Träume sich auf unterdrückte und verdrängte sexuelle Triebimpulse beziehe. Traumtätigkeit stellt nach dieser Theorie einen Lustersatz für unerfüllte Wünsche dar.

Dennoch hat nach Freud das Unbewusste auch im Traum nicht ganz freie Hand. Die heimlichen Wünsche und verdrängten Ängste können auch im Traum nicht unverhüllt geäußert werden und werden deshalb meistens, in symbolische Bilder umgesetzt. Das weist laut Freud darauf hin, dass das Ich und das Über-Ich während des Schlafes auf eine andere Art wirksam sind. Sie fungieren als eine Art Zensurbehörde (Ich) nebst wachsamer Sittenpolizei (Über-Ich) und gestalten den Traum in meist nicht-sexuelle Handlungen um.

Den Tatsächlichen Inhalt des Traums, die Bilder, die wir in unserem Traum wahrnehmen, nennt Freud den offenkundigen Trauminhalt. Die Wünsche oder Ängste, die hinter den Traumbildern verborgen sind, nennt er den verborgenen Trauminhalt. Der verborgene Trauminhalt ist nach Freud immer sexueller oder aggressiver Natur.

Wir können unsere Träume nur begreifen, wenn wir den manifesten (deutlich erkennbaren) Trauminhalt in den verborgenen Trauminhalt übersetzen. Anders gesagt, wir müssen den Traumsymbolen die richtige Bedeutung geben können, um zu begreifen, was uns die Traumbilder eigentlich zu sagen haben.

Machmal ist das ziemlich einfach. Wenn der Traum deutlich Bezug nimmt auf Ereignisse des vorangegangenen Tages, werden die Traumbilder im Allgemeinen schnell erkannt. Freud sprach in diesem Zusammenhang von sogenannten Tagesresten, diese sind Erlebnisse die im Traum nachwirken. Doch auch hier ist es sehr gut möglich, dass verborgende Wünsche oder verdrängte Ängste, die durch die Ereignisse hervorgerufen wurden, sich in schwierig zu erkennenden Symbolen verbergen.

Es ist nicht immer einfach, die Traumsymbole richtig zu deuten. Sogar im Schlaf sorgen das Ich und das Über-Ich dafür, dass die Traumbilder nicht zu direkt und zu überdeutlich die verborgenen Wünsche oder Ängste ans Licht bringen. Im Wachzustand spielt dieser Widerstand eine noch viel größere Rolle und behindert uns im Entlarven unserer Traumsymbole.

Freud verwendete oft die freie Assoziation, um zu den unbewussten Inhalten der menschlichen Psyche vorzudringen. Der Patient musste bei dieser Methode alles, was ihm gerade einfiel, erzählen.

Die freie Assoziation gilt als Grundregel der psychoanalytischen Therapie. Deshalb ist es nicht erstaunlich, dass Freud diese Methode auch zur Traumdeutung benutzte. Beim Verknüpfen der Traumbilder muss der Patient erzählen, was er bei einem bestimmten Bild denkt und fühlt, woran es ihn erinnert, und welche anderen Bilder hierdurch hervorgerufen werden. Freud war der Meinung, dass

durch das andauernde Verknüpfen über Traumbilder
die Bedeutung dieser Bilder deutlich wird. Durch sein
Wissen über die Bedeutung von Traumsymbolen
kann der Psychoanalytiker dem Träumer helfen,
seine Träume zu verstehen.

Träume und der Weg zum inneren Kind

Träume würden Wünsche erfüllen, meinte Freud. Diese sind vielleicht bei Tage anerkannt, konnten jedoch keine Befriedigung finden. Es kann auch ein am Tage verworfener und unerledigter Wunsch sein. Der Wunsch kann sich aktuell im Schlaf bilden, oder es kann sich um unbewusste und verdrängte Triebregungen handeln.

Meist wird ein aktuelles Problem oder der Tagesrest mit den unsterblichen Kinderwünschen verwoben. Je weniger akzeptabel diese Kinderwünsche in unserer heutigen Zeit für uns sind und je größer die mangelnde Übereinstimmung der Themen ist, desto größer sei die Arbeit, die zur Umformung der Trauminhalte von der vorhandenen, aber noch nicht in Erscheinung getretenen zur Erkennbaren Ebene geleistet werden müsse.

Tagträumen und Phantasie in der Kindheit

Kinder zwischen zwei und fünf Jahren verbringen einen großen Teil ihrer Zeit mit imaginativem Verhalten. Danach nimmt die dafür verwandte Zeit langsam ab. Kinder sind nicht nur äußerst begabt und auf dem Gebiet der Phantasie und des Tagträumens, sondern es scheint auch, dass die spontane Anwendung dieser Kräfte für eine normale Entwicklung der Kinder wichtig ist. Im gleichen Maße, wie sich Kinder über den wachsenden Bereich ihrer Erfahrungen in ihrem Umfeld freuen, genießen sie das Zauberland ihrer inneren Erfahrungen. Kinder nennen ihre Tagträume "so tun als ob" oder "sich einbilden". Wir Erwachsenen nennen das meistens Phantasie. Kinder erproben so mental viele Verhaltensvariablen, bilden Visionen ihrer Zukunft und testen ihre zukünftigen Rollen. Auf diese Weise befriedigen sie auch unerfüllte kindliche Grundbedürfnisse nach dem Wohlbefinden, sozialer Interaktion und der Erfahrung, Dinge zu meistern und Stimulation zu erleben.

Sie selbst machen auch deutlich, dass sie am Phantasieren enorm viel Freude haben. Phantastische Geschichten, Monstererzählungen, Märchen sind typisch für eine kindliche Vorstellungswelt, die seit Jahrhunderten auch literarisch in verschiedenen Kulturen weitergegeben wird. Die Vorstellungen von Kindern und aber auch Erwachsenen, haben nachweisbare Effekte auf den

Körper, das Verhalten und den Ausbruch oder den Verlauf von Krankheiten.

Die Überfrachtung mit äußeren Reizen aus dem Fernsehen führt nicht nur zu der bedenklichen Vermittlung schädlicher Wertesysteme, sondern auch zu einer Verarmung der kreativen Vorstellungswelt. Hinzu kommt, dass gutmeinende Eltern und gesellschaftlich anerkannte Wertesysteme implizit oder auch offen die Phantasie der Kinder oft abwerten.

Lernen und gerichtete Kognitive Aufmerksamkeit auf den schulischen Unterrichtsvorgang im 45 Minuten Takt, auf das logische Denken und viel mehr, sind notwendige Bestandteile der schulischen und kindlichen Sozialisation. Sie führen jedoch auch verfrüht zu einer Verarmung des kindlichen Zauberers und entführen uns als Kinder aus der Welt der Magie. Heute gibt es in den Kindergärten und Grundschulen wieder Phantasiereisen, sinnliches Erkunden der Welt, Arbeit mit Imagination und Tagträumen, diese sind so kleine Nebenfächer. Diese Fähigkeiten werden in den höheren Schulklassen aber weniger gefördert. Denn Phantasie und Träumerei werden als Schlüssel zur Motivation der Kleinen angesehen, nicht jedoch als schlüssiges Konzept in der Arbeit mit größeren Kindern oder in der Erwachsenenpädagogik.

Kleiner Auszug aus "Die Kindheit eines Zauberers"
von Herrmann Hesse:

*"... ich wusste Bescheid in der Welt, ich verkehrte
furchtlos mit Tieren und Sternen, ich kannte mich in
Obstgärten und im Wasser bei den Fischen aus und
konnte schon eine gute Anzahl von Liedern singen.
Ich konnte auch zaubern, was ich dann leider früh
verlernte und erst in höherem Alter von Neuem
lernen musste, und verfügte über die ganze
sagenhafte Weisheit der Kindheit..."*

Tagträumen und Phantasieren von Erwachsenen

Tagträumen kann bedeuten, in Traumwelten zu verweilen, mit der Realität nicht im Reinen zu sein oder nicht haltbare fantastische Gebäude aufzubauen, in denen man verweilt. Diese Art der Imagination kann genussvoll oder angstabwehrend sein, sie führt aber nicht zu geistigem Wachstum. Bei gesunden Erwachsenen findet meist eine feine Abstimmung mit der Realität statt, wenn sie tagsüber träumen. Diese Reisen sind dann auf bestimmte Zeit ausgelgte Ausflüge in die Welt der Phantasie. Albert Einstein sagte: "Phantasie ist wichtiger als alles Wissen." Die unbewussten Anteile unserer Phantasie sind die treibende Kraft, mit der wir unsere innere Realität schaffen.

Diese Phantasie erschließt intensive Potenziale innerer Kraft, entwirft Ideen, Gedanken und persönliche Überzeugungen. Die bewussten Anteile unserer Phantasie sind ein schöpferischer Akt, an dem wir gleichsam als Beobachter und Schöpfer teilhaben können. Wir produzieren Gefühle, innere Bilder, Dialoge, Erfahrungen, Szenen, Vergangenes und Zukünftiges. Wir entwerfen uns selbst, entwickeln Perspektiven und Visionen, Ideen und Gedanken.

Wir können in der Phantasie oder Imagination alles durchspielen, was real noch nicht möglich erscheint, und wir können scheinbare Grenzen überwinden und verschieben. In diesen Träumen liegen meist mehr Antworten und Schlüssel für unsere Fragen und Probleme verborgen als in der rationalen Analyse. Dabei nutzen auch die Erwachsenen ihre zauberhaften Kräfte der Kindheit.

Unsere Fähigkeit zum Zauberhaften hat ihre Wurzeln aber nicht nur in der Kindheit. Die kulturellen und psychologischen Ursprünge dieser Denkweise entstammen auch früheren Kulturen. In der mythisch-magischen Epoche der Menschheit bildete sie die Grundlage für unser Weltverständnis.

Bestimmt kennen Sie den Film "Die Götter müssen wohl verrückt sein". In der Erföffnungszene fällt einem Buschmann eine aus dem Flugzeug geworfene Cola-Flasche vor die Füße. Auch dort wird ein Aufeinanderprallen der magisch-mythischen, naturversunkenen Geisteshaltung mit dem rationalistisch-materialistischen Geist Ausgangspunkt für viele Verwicklungen.

Die Traumtheorie von Carl-Gustav Jung

C. G. Jung, ein Schüler Freuds, modifizierte dessen Theorie. Nach ihm stellt der Traum die innere Wirklichkeit des Menschen unmittelbar dar. Seine Traumtheorie ist ebenso kompliziert wie seine analytische Therapie.

Jung legte in der psychotherapeutischen Behandlung noch mehr Wert auf die Traumdeutung als Freud. Er war der Meinung, dass die Traumanalyse zur Lebenserfahrung einen unentbehrlichen Beitrag leisten könne. Das Unbewusste als Quelle von Inspiration und Kreativität erhält im Traum die Gelegenheit, ungehindert durch das bewusste Denken Ideen auszuarbeiten und mehr Klarheit über bestimmte Lebensfragen zu gewinnen, beispielsweiße für das Treffen wichtiger Entscheidungen bei Beziehungsproblemen oder schwerwiegenden Lebensfragen. Der Traum ist nach Jung von großem Wert für die Entfaltung der Persönlichkeit an sich.

Jung ging mit der Ansicht Freuds nicht geradlinig, dass Traumsymbole nur verdrängte Ängste und Wünsche verhüllen. Im Gegenteil, Jung war davon überzeugt, dass die Traumsymbole auf positive Kräfte im Menschen verweisen und, statt zu verdecken, geradezu erhellend wirken können. Jung ging also davon aus, dass die menschliche Psyche nicht in der Ursache steht, sondern dem Gesetz der sinnvollen Zufälle. Auch in unseren Träumen sind die Bilder nach diesem Gesetz angeordnet.

Um einen Traum begreifen zu können, müssen wir nach Jung erst einmal klären, ob der Traum aus dem Bereich des persönlichen Unbewussten oder aus dem gemeinschaftlichen Unbewussten stammt.

Träume aus dem persönlichen Unbewussten sind durch persönlich gefärbte Bilder gekennzeichnet, die aus der Umgebung des Menschen entnommen sind. Bekannte Personen treten auf, eigene Erfahrungen werden darin erkannt, manchmal auch Teile von Erfahrungen, die wir am Tag davor hatten.

In Träumen aus dem gemeinschaftlichen Unbewussten haben die Bilder einen mehr allgemeinmenschlichen Charakter. Sie sind schwer erkennbar als etwas, was von uns selbst kommt. Oft sind es auch symbolische Bilder, die einen unwirklichen, märchenhaften Charakter haben. Sie stellen mit psychischen Kräften oder Energien geladene Muster dar, die nicht nur das gemeinschaftliche Verhalten von Gruppen, Völkern und Rassen beeinflussen, sondern auch das Verhalten einer Einzelperson.

Eine Unterscheidung ist von Bedeutung, weil Träume aus dem persönlichen Unbewussten eine ganz andere Bedeutung oder Funktion haben als Träume aus dem gemeinschaftlichen Unbewussten.

Nach C. G. Jung kann ein Traum aus dem persönlichen Unbewussten die folgenden Funktionen oder Bedeutungen haben:

a) Es kann ein erneutes Durchleben und Verarbeiten einer persönlich gemachten Erfahrung sein.

b) Der Traum kann eine Situation zeigen, in der der Konflikt zwischen dem Bewussten und dem Unbewussten verdeutlicht wird.

c) Unbewusste psychische Prozesse oder körperliche Störungsquellen können in Bilder umgesetzt werden.

d) Durch die kreativen Möglichkeiten des Unbewussten können in einem Traum konkrete Lösungen für persönliche Alltagsprobleme ausgearbeitet werden. Falsche Auffassungen werden berichtigt, Zweifel aufgelöst.

Träume, die aus dem Lebens-Unbewussten kommen, handeln nicht von alltäglichen Dingen wie dem Durchleben von Geschehnissen und Konflikten oder persönlichen Problemen. Sie sind abstrakter und dadurch oft schwieriger zu begreifen. Träume aus dem kollektiven (gemeinschaftlichen) Unbewussten spiegeln nach Jung das urmenschliche Verlangen nach körperlicher Gesundheit, psychicher Reifung und Entwicklung wider.

Sie umfassen Bilder, die darauf gerichtet sind, unser gesamtes Bewusstsein zu verändern, uns neue Einsichten in unser Leben zu geben oder künstlerische Entwicklungen in Gang zu setzen. Sie offenbaren uns manchmal unvermutete Weisheiten über uns selbst. Ein Traum dieser Art kann beispielsweise jemanden in symbolischer Form mitteilen, dass er sich sein Leben durch unnötige Sorgen über materielle Dinge macht.

Weil Träume wichtige Botschaften enthalten können, ist es von großer Bedeutung, dass wir unsere Träume verstehen lernen. Die große Schwierigkeit ist hierbei jedoch, dass wir einen Traum nicht auslegen können, ohne im Gewalt anzutun. Schlimmer noch, wir können einen Traum nicht einmal erzählen, ohne ihn in vielerlei Hinsichten zu verkürzen. Der Bilderreichtum und die Gefühlsladung eines Traumes lassen sicht nicht so leicht in Sprache umsetzen. Das Unbewusste nimmt nicht umsonst Zuflucht in die sogenannte Traumwirklichkeit, um sich auszudrücken.

Jung spricht deshalb nicht von Traumauslegung, sondern davon, die Träume zu erfühlen.

Anstatt die Traumbilder mit Gewalt in Sprache umzusetzen und sie mit unserem Denken zu einer zusammenhängenden Geschichte aneinander zu reihen, sollten wir den umgekehrten Weg gehen. Dies bedeutet, sich dem Traum mit Bildern zu nähern und weniger mit logischem Denken. Diese Technik des Traumverstehens nennt Jung Vorstellungskraft. Dies könnte etwa folgendermaßen aussehen:

- Man versucht, den Traum im Wachzustand "wiederzuträumen", man lässt den Traum als Erinnerung erneut stattfinden, so als ob er sich im Wachzustand abspielen würde.

- Man gibt eine genaue Beschreibung dessen, was sich in den Traumbildern ereignet und was man dabei fühlt. Es geht jedoch nicht darum, aus losen Elementen eine zusammenhängende, sinnvolle Geschichte zu machen.

- Wenn man die Traumbilder auf diese Weise in die Erinnerung zurückgeholt hat, wird man stark emotional getönte Bilder erleben und spontan aufkommende andere Bilder oder Gefühle wahrnehmen. Das Traumbild wird in Wechselwirkung mit Gefühls- oder Bildvorstellungen vertieft und bewirkt damit, dass die Bedeutung des Traums dem Träumer oft schlagartig bewusst wird.

Manchmal aber machen die durch Imagination (durch die Vorstellung) verdeutlichten Traumbilder eine weitergehende Interpretation erforderlich. Jung schenkte hierbei dem Phänomen der Projektion in Träumen besondere Aufmerksamkeit, namentlich der Projektion des eigenen Schattens.

In Träumen kommen Eigenschaften oder Gefühle, deren man sich schämt und die demzufolge aus dem Bewusstsein verdrängt werden, in symbolischer Form wieder nach oben. Das kann auch dadurch geschehen, dass im Traum Personen eine Rolle spielen, die diese negativen Eigenschaften in besonders starkem Ausmaß zeigen. Wenn wir lernen, unsere Träume zu verstehen, können wir uns besser über unseren Schatten und unsere Projektionen bewusst werden. Bei Jung hatte dies einen hohen Stellenwert. Hierdurch können wir unser Bewusstsein erweitern und unsere psychische Entwicklung stark fördern.

Der Traum aus gestalttherapeutischer Sichtweise

Fritz Perls, der Begründer der Gestalttherapie geht davon aus, dass jedes Traumbild ein verfremdeter Teil der Persönlichkeit des Träumers ist und etwas von dem ausdrückt, was ihn im inneren bewegt. Deshalb muss der Klient nacheinander in alle Rollen schlüpfen.

Jeder Traum enthält einen inneren Konflikt, bei dem zwei Bedürfnisse oder Gefühle aufeinander prallen. Jedes einzelne Bild beleuchtet nach Perls einen bestimmten Aspekt des Konflikts. Nachdem der Klient seinen Traum erzählt hat, wird er aufgefordert, sich vorzustellen, selbst jeder Teil des Traums zu sein, d. h. nacheinander in alle Rollen schlüpfen. Wenn sich der Klient in eine Person oder Situation des Traums hineinversetzt hat, berichtet er, wie er sich in dieser Rolle fühlt. So wird jedes einzelne Traumbild und damit jeder Aspekt des inneren Konflikts verdeutlicht.

Innerhalb des Konflikts zeichnen sich das sogenannte "Ich sollte" und "Ich möchte" ab.

"Ich möchte" beinhaltet etwas, was der Träumer im wachen Zustand nicht zuzulassen wagt und was durch das "Ich sollte" unterdrückt wird. Dadurch bleibt der innere Konflikt aufrechterhalten. In Freudschen Begriffen könnten wir sagen, dass das

"Ich sollte" das Über-Ich vertritt und "Ich möchte"
das protestierende Es.

Der Kern des Konflikts, der durch den Traum ans
Tageslicht kommt, kann so deutlich formuliert
werden. Dann muss der Traumerzähler in der Rolle
des "Ich möchte", versuchen, dem "Ich sollte"
Widerstand zu leisten. Wenn das gelingt, ist der
Träumer fähig, demjenigen, vor dem er Angst hatte,
in die Augen zu sehen und in seinem Leben einen
Platz zu geben.

Aus der Sicht der kognitiven Psychologie

D ie kognitive Psychologie betrachtet den Menschen als ein informationsverarbeitendes System. Eigentlich müsste man von einer Ansammlung informationsverarbeitender Systeme sprechen, denn es werden zumindest drei Systeme unterschieden: das Wahrnehmungs-, das Denk, und das Sprachsystem.

In der kognitiven Psychologie werden also Wahrnehmung, Denken und Sprache als Voraussetzungen für den Wissenserwerb betrachtet. Wir verarbeiten die Information, die wir über unsere Sinnesorgane erhalten, durch (mindestens) diese drei Systeme, bis für uns brauchbares, aber subjektives Wissen entsteht.

Die Vorstellungen von Foulkes

Ein wichtiger Vertreter der kognitiven Traumforschung ist der amerikanische Psychiater und Psychologe David Foulkes. Nach Foulkes ist Träumen ein Denk- und Erinnerungsprozess. Was wir im Wacherleben wahrnehmen, tun oder fühlen, taucht in unseren Träumen wieder auf, jedoch bearbeitet und verformt durch unser Denken und durch unsere Erinnerungen. Einen Beweis für diese Annahme sieht Foulkes in der Tatsache, dass Gehirnschädigungen, die Denkstörungen zur Folge haben, im Traum dieselben Störungen wie im Wachzustand verursachen.

Jemand, der als Folge einer Gehirnschädigung nicht mehr konkret, bildlich denken bzw. beim Denken keine Vorstellung mehr entwickeln kann, wird zwar erzählen, was er geträumt hat, aber keine "Bilder" vor sich sehen.

Foulkes interessierte nicht, was, sondern wie wir in unseren Träumen denken. Daher untersuchte er den Unterschied zwischen dem Denkprozess während eines Traums und während des Wachseins.

Über das, was in einem Traum geschieht, haben wir keine bewusste Kontrolle, auch nicht darüber, was wir selbst in einem Traum denken oder tun.

Wenn wir in einem Traum Handlungen verrichten, die mit unserem Gewissen oder mit unseren Überzeugungen nicht übereinstimmen, fühlen wir uns dafür zu Recht nicht verantwortlich.

Ein zweiter Unterschied zum Wacherleben ist die Art, in der man sich an etwas erinnert.

Ein Traumbild, das mit der Erinnerung an ein bestimmtes Erlebnis zu tun hat, stellt fast nie eine naturgetreue Wiedergabe dar. Die Erinnerung ist vielmehr durchzogen von verschiedenen Interpretationen und Gefühlen, die sich auf das Ereignis beziehen. Diese werden in Traumbilder umgesetzt, die manchmal so fremdartig und phantastisch sind, dass es schwierig ist, darin noch das wirkliche Geschehen oder die beteiligten Personen zu erkennen.

Außerdem wird ein Ereignis aus der Vergangenheit während des Traums nicht als Erinnerung erkannt, sondern als ein echtes, aktuelles Geschehen erlebt. Die Erklärung hierfür ist nach Foulkes, dass im Traum dieselben Wahrnehmungs-, Denk- und Sprachsysteme wirksam sind wie im wachen Zustand. In diesem Zustand liefern uns diese Systeme Informationen über die Außenwelt. Weil im Schlaf keine äußeren Sinnesreize unser informationsverarbeitendes System stimulieren, greifen die Verarbeitungssysteme symbolhafte Vorstellungen auf, die während des Schlafes auftauchen. Dadurch entsteht beim Träumer der

Eindruck, dass die symbolischen Traumbilder einer wirklich existierenden Außenwelt entstammen, d. h., wir halten das Traumgeschehen für Realitiät.

Es gibt hier aber auch Ausnahmen. Sie kennen sicher das Phänomen, dass man während eines Traumes genau weiß, dass man träumt. Diese Form des Denkens im Traum wird als "luzides Träumen" bezeichnet, auf welches ich auf den nächsten Seiten noch näher eingehen werde.

Träume enstehen durch unser Gedächtnis. In unserem Gedächtnis sind Erfahrungen und Wissen nicht in Form von konkreten Bildern gespeichert, sondern in abstrakter Form.

Im Traum können unzusammenhängende Gedächtnisteile in Bilder zurückversetzt werden. Diese Bilder werden dann durch unsere Verarbeitungssysteme, deren Arbeitsweise unter anderem darin besteht, Zusammenhänge zwischen verschiedenen Elementen herstellen, zu einer mehr oder weniger zusammenhängenden Geschichte verbunden.

Auf die Frage, weshalb bzw. wodurch die einzelnen Gedächtniselemente während des Schlafes als Bilder auftauchen und welche Faktoren die Wahl der Elemente bestimmen, hat die kognitive Psychologie noch keine Antwort gefunden.

Nach Foulkes umfassen Träume keinen versteckten, konkreten Auftrag, den man im Wachzustand mit allerlei Techniken wiederholen könnte. Die Traumanalyse hat nach Foulkes aber wohl einen Sinn, weil Träume eine reiche Quelle an Informationen über die Funktionsweise unseres Gehirns und über uns selbst bieten.

Die Vorstellungen von Hall

Ein anderer Vertreter dieser Richtung, der amerikanische Psychologe Calvin Hall, hat 1966 ein Klassifikationssystem für Trauminhalte veröffentlicht, das breite Anwendung gefunden hat. Er hat tausende von Träumen amerikanischer Studenten gesammelt und die Traumbilder nach verschiedenen Kategorien aufgeschlüsselt: Wo spielt sich der Traum ab, welche Personen und Gegenstände kommen vor, welche Handlungen werden durchgeführt, welche Gefühle treten auf, hat der Träumer Erfolgs- oder Misserfolgserlebnisse, werden die Ereignisse als glücklich oder unglücklich bezeichnet und weiteres. Auf diese Weise wird die Erlebnisbreite der Traumwelt aufgefächert. Hall stellte die folgenden drei Grundregeln auf:

1) Veruche nicht, jeden Traum gesondert zu erklären, sondern im Zusammenhang mit mehreren Träumen. In einer Serie von Träumen sind oft deutliche Verbindungen oder Wiederholungen im Hinblick auf regelmäßig wiederkehrende Themen, Personen, Situationen usw. zu finden.

2) Alles, was man träumt, muss auf die eine oder andere Art bereits im wachen Zustand in das informationsverarbeitende System aufgenommen worden sein. Versuche also, das wiederzufinden. Träume sind meistens eine Widerspiegelung oder Fortsetzung dessen, womit wir uns tagsüber beschäftigt haben.

3) Der Traum gibt keine Nachricht weiter, er kann uns aber wohl deutlicher machen, wie wir uns selbst, die anderen und die Welt betrachten. Der Traum macht uns vor allem deutlich, dass wir in uns verschiedene Auffassungen von Dingen haben. Auffassungen, die manchmal miteinander im Widerspruch stehen.

Hall fand in seinen zahlreichen Untersuchungen heraus, dass es im Wesentlichen fünf Spannungsfelder sind, die im Traum thematisiert werden:

- das Spannungsfeld zwischen Geborgenheit und Ausgeliefertsein,

- das Spannungsfeld zwischen gut und böse,

- das Spannungsfeld zwischen Anismus und Anima,

(**Animus und Anima** sind Begriffe aus der Analytischen Psychologie von Carl Gustav Jung. Es handelt sich hierbei um zwei der wichtigsten Archetypen, also im kollektiven Unbewussten angelegte, von individueller Erfahrung unabhängige unanschauliche Strukturen der Möglichkeiten menschlicher Imagination und Emotionalität. Quelle Wikipedia)

- das Spannungsfeld zwischen Leben und Tot,

- das Spannungsfeld zwischen Liebe und Hass im Verhältnis zwischen Eltern und Kindern.

Luzide Träume

Die wissenschaftliche Traumanalyse der kognitiven Psychologie liefert für die Interpretation unserer Träume nur wenig Anhaltspunkte. Sie gab jedoch einen neuen Impuls für die Untersuchung einer besonderen, interessanten Traumerscheinung, den luziden Träumen oder Klarträumen. Die meisten dieser Träume sind durch ihre Klarheit charakterisiert. Alles im Traum erscheint klar und real.

Wie ich bereits erwähnte, trifft die Behauptung, dass man keine bewusste Kontrolle darüber hat, was in einem Traum passiert, nicht immer zu. In luziden Träumen weiß man, dass man träumt, und ist dadurch fähig, bewusst in das Traumgeschehen einzugreifen.

Die meisten Untersuchungen zu den Klarträumen stammen aus amerikanischen Universitäten. Man kann luzide Träume bewusst hervorrufen und im Prinzip kann jeder diese Technik selbst lernen. Der Traumforscher Paul Tholey entwickelte für sich selbst verschiedene Techniken, um im Traum einen Zustand der Bewusstheit zu erreichen. Wenn er aus einem Traum erwachte, versuchte er sich auf diesen Traum zu konzentrieren und sagte sich vor: "Wenn ich das nächste Mal träume, will ich mir darüber bewusst sein, dass ich träume". Es gibt auch eine alte schamanische Technik, in der man versucht, im Zustand des Einschlafens bewusst zu bleiben.

Doch warum gibt es ein so großes Interesse an dieser Art von Träumen?

Durch das bewusste Zusammenwirken von Wachbewusstsein und Traumbewusstsein eröffnen sich dem Träumer unerwartete, kreative Möglichkeiten. Man geht davon aus, dass das Unterbewusstsein eine Quelle von Inspirationen und Kreativität ist.

Es ließen sich zahlreiche Beispiele von Forschern anführen, die tagelang ergebnislos mit einem Problem befasst waren und eines Nachts die Problemlösung träumten. Das Unterbewusstsein setzte seine kreative Arbeit im entspannten Zustand fort. Die besten Traumlösungen erreicht man jedoch, wenn man bereits eine gute Vorbereitung im hellwachen Zustand geleistet hat.

Durch luzide Träume können wir in manchen Fällen im Traum das vorwegnehmend realisieren, was wir im wirklichen Leben erst noch erreichen wollen. Mithilfe des luziden Träumens wäre es in Einzelfällen möglich, verschiedene Krankheiten zu heilen, Probleme zu lösen, Ängste zu überwinden oder sich auf zukünftige Situationen vorzubereiten. Handlungen, die bewusst in einem luziden Traum ausgeführt werden, können manchmal im wachen Leben wiederholt werden.

Durch das Zusammenwirken von Wachbewusstsein und Traumbewusstsein könnte man also auf eine viel bewusstere Art über die zahlreichen Möglichkeiten des Unterbewusstseins verfügen.

Die Untersuchungen über den luziden Traum sind noch im vollem Gange. Viele der genannten Möglichkeiten müssen noch näher experimentell untersucht werden.

Kritische Stimmen warnen aber davor, aktiv in Träume einzugreifen, weil es ja gerade ein wichtiger Aspekt des Träumens ist, die bewusste Kontrolle außer Kraft zu setzen und sich dem Traum zu überlassen. Diese Erfahrungen nimmt man sich wenn man in Träume eingreift, wie die Befürworter luzider Träume das vorschlagen.

Im Rahmen neuerer Entdeckungen auf parapsychologischem Gebiet sind luzide Träume jedoch besonders interessant.

Die Traumbilder in luziden Träumen zeigen eine Anzahl typischer Kennzeichen.

1) Die Traumbilder stehen meist in Übereinstimmung mit der Alltagswirklichkeit. Es können jedoch auch Geschehnisse, die in Wirklichkeit nicht möglich sind, stattfinden. Menschen und Dinge behalten ihre Identität, manchmal erscheinen sie so wirklich, dass man sich beim Wachwerden kaum vorstellen kann, dass das alles nur ein Traum war.

2) Drei von der Realität abweichende Erscheinungen kommen sehr oft vor:

- man kann fliegen,

- man kann die Umgebung nach eigenem Belieben ändern,

- man fällt oder bewegt sich durch einen Tunnel und kommt dann durch diesen Tunnel in einen völlig anderen Raum oder in eine andere Zeit hinein.

3) Die Traumbilder sind farbig und scharf. Manchmal sind sie von Geräuschen, Wärmeempfindungen und Gefühlswahrnehmungen begleitet, weniger oft von Geruchs-, Geschmacks- und Schmerzempfindungen.

4) Die Gedanken und das analytische Vermögen funktionieren klar, aber aktuelle Geschehnisse aus dem Alltag spielen darin selten eine Rolle.

Das Merkmal eines luziden Traums ist, wie des öfteren schon erwähnt, das Bewusstsein, dass man träumt. Diese Entdeckung führt jedoch zu weiteren Erfahrungen.

- Man realisiert, dass man sich in einem Zustand befindet, in dem man Teilnehmer und Wahrnehmender ist und gleichzeitig bestimmen kann, was passieren wird.

- Man erfährt, dass man nicht an die normalen Einschränkungen der Naturgesetze gebunden ist und das man die Möglichkeit hat, Wünsche zu realisieren, die im Wachzustand unmöglich sind, dass man mit Verhalten experimentieren kann, ohne Risiken für sich selbst oder für andere einzugehen.

- Man wird durch die Vorstellung, wach zu sein, während man schläft, im Allgemeinen ziemlich erregt, vor allem wenn man spürt, über eine ungekannte Macht und Freiheit zu verfügen. Wenn man aber zu gefühlsgeladen in einen Traum gerät, ist die Möglichkeit groß dass der luzide Charakter des Traums verschwindet.

- Beim Wachwerden erinnert man sich an einen luziden Traum immer ganz klar, und meistens ist man sich bewusst, etwas sehr Wichtiges geträumt zu haben.

Techniken das luzide Träumen zu erlernen

Laberge gibt in seinem Buch "Kreatives Träumen" folgende Ratschläge, um luzides Träumen zu trainieren:

- Bilde dir ein, dass du tagsüber ab und zu träumst. Mit anderen Worten: Durchbrich die automatische Selbstverständlichkeit, mit der du gewöhnlich im Leben stehst und dich den Dingen annäherst. Übe dich in einer Haltung der Verwunderung und geistigen Flexibilität. Frage dich während des Tages des öfteren, ob du gerade wachst oder träumst, und stelle dir vor, alles nur zu träumen.

- Halte im wachen Zustand eine kritische, selbstreflektierende Haltung aufrecht, identifiziere dich nicht völlig mit deinem täglichen Leben. Du bist mehr als nur ein Arbeitstier, ein geduldiger Elternteil oder ein böser Nachbar.

- Mache dich mit dem Trauminhalt vertraut und versuche zu entdecken, was das Typische daran ist.

- Stelle dir, bevor du schlafen gehst, selbst die Aufgabe, einen luziden Traum zu träumen.

- Manche Übungen, um das Bewusstsein wärend des Übergangs vom Wach- in den Schlafzustand zu erhalten. Zum Beispiel: Stelle dir vor, dass dein Körper, während du einschläfst, irgendwo anders ist und etwas anderes tut, oder konzentriere dich auf die Idee, dass du für einige Momente deinen Körper nicht mehr wahrnehmen wirst. Eine andere Möglichkeit ist, während des Einschlafens durch Zählen einen gewissen Grad an Wachbewusstsein zu bewahren.

Diese Techniken beruhen alle auf demselben Grundprinzip: Entspannen, aber aufmerksam bleiben und die Konzentration auf ein inneres Geschehen richten, während die Aufmerksamkeit nach außen hin langsam abnimmt.

Der Traum aus der Sicht der Parapsychologie

In der Parapsychologie wird das Traumerleben als eine Wirklichkeit einer anderen Ordnung, also mit anderen Gesetzmäßigkeiten betrachtet, die ebenso realistisch ist wie die sogenannte Wachwirklichkeit. Man kann also sagen, was in einem Traum passiert, ist keine Phantasie oder Illusion, sondern passiert tatsächlich.

Merkwürdigerweise führt die nüchterne, experiementell gestützte Theorie der kognitiven Psychologie über den Traum zu den parapsychologischen Aspekten des Traums.

Celia Green zum Beispiel weist in ihrem Buch "Luzides Träumen" darauf hin, dass es einen engen Zusammenhang zwischen eine luziden Traum und einer sogenannten außerkörperlichen Erfahrung, einer Astralprojektion, gibt.

Experimente mit Traumtelepathie, durchgeführt Ende der 60er-Jahre im Maimonides Hospital in Brooklyn (New York), beweisen, dass eine telepathische Beeinflussung des Trauminhaltes möglich ist.

Der prospektive Traum

Es ist nachgewiesen, dass man in Träumen manchal die Zukunft voraussehen, also künftige Ereignisse wahrnehmen kann. Dies steht zunächst im Widerspruch zu den bekannten Möglichkeiten unserer Sinneswahrnehmung und des logischen Denkens. Dennoch scheint es außergewöhnlich begabten Personen, möglich zu sein, Ereignisse wahrzunehmen, die noch nicht stattgefunden haben.

Meistens wird in einem prospektiven Traum das künftige Ereignis nicht in einer realistischen Form präsentiert. Der Traum bedient sich meistens symbolischer Bilder, die einer näheren Erklärung bedürfen. Das macht es dann sehr schwierig, den Traum als prospektiv zu erkennen.

Die Traumforschung befasst sich unter anderem auch mit den Merkmalen prospektiver Träume. Obwohl hier noch viele Fragen offen sind, zeichnen sich doch bereits einige deutliche Merkmale ab, an denen ein solcher Traum zu erkennen ist:

- Man nimmt das Traumgeschehen klar und nüchtern, ohne Emotionen wahr. Angstträume oder Alpträume sind also nie prospektiv.

- Der Traum besteht aus einem lose zusammenhängenden Ereignis, ohne

Geschichtszusammenhang. Komplizierte oder chaotische Träume sind sehr wahrscheinlich auch nicht prospektiv.

- Ein prospektiver Traum hat manchmal die Tendenz, sich in derselben oder ähnlicher Form zu wiederholen.

- Prospektive Traumbilder sind fast immer in Farbe.

- Wenn einem nach dem Erwachen ein bestimmtes Bild oder Wort nicht aus dem Kopf geht und man das starke Gefühl hat, etwas Wichtiges geträumt zu haben, ist es ratsam, davon auszugehen, dass der Traum eine Warnung beinhaltet haben könnte.

Arbeiten mit den Träumen

In den schon beschriebenen Traumtheorien können Sie die nötigen Hinweise finden, um einen Traum zu erklären. Neben diesen Methoden gibt es noch zahlreiche weitere konkrete Hinweise. Aus der umfangreichen Traumliteratur habe ich eine Auswahl zuverlässig und glaubwürdig erscheinender Angaben vorgenommen.

- Träume, die sich regelmäßig unverändert wiederholen, haben oft mit dem Eingebundensein in eine unangenehme, unbefriedigende Lebenssituation zu tun. Wenn man die Situation geändert, bzw. das Problem gelöst hat, kommt der Traum nicht mehr zurück.

- Wenn man mit einem klaren Bild oder einem Begriff erwacht, ist das oft als wichtiger Hinweis auf ein aktuelles Problem oder eine Warnung vor einem künftigen Ereignis zu betrachten.

- Wenn man ein Problem durch Nachdenken nicht lösen kann, kann man einen Traum programmieren. Kurz vor dem Einschlafen soll man dann das Problem so klar wie möglich formulieren und sich einige Male hintereinander selbst die Aufgabe stellen, das Problem in einem Traum zu lösen. danach soll man versuchen, das bewusste Nachdenken über das Problem loszulassen.

- Eine andere Form von Traumprogrammierung ist bei regelmäßig auftretende Alpträumen möglich, in denen man bedroht oder verfolgt wird. Man soll sich, bevor man einschläft, die Bilder des Alptraums vor Augen halten und sich klar vorstellen, wie man der Angstsituation entkommen will. Danach gibt man sich selbst nachdrücklich die Aufgabe, auf die vorgestellte Weise zu handeln, sobald der Alptraum auftritt.

- Gefühle und Stimmungen während eines Traums und die Atmosphäre eines Traums sind oft vielsagender als die konkreten Bilder. Die Interpretation eines Traums muss deshalb immer innerhalb dieses Rahmens stattfinden.

- Das Thema Sterben hat in einem Traum fast nie die Bedeutung von einer Todesvoraussage. Es weißt meistens auf einen wichtigen Prozess der Veränderung, einen Wandlungsvorgang hin, mit dem man sich aktuell auseinander setzt.

- Träume über das Sterben von anderen haben ebenso selten einen voraussagenden Wert. Oft sind sie ein Symbol für die Erfüllung verdrängter aggressiver Wünsche.

- Der Inhalt eines Traums, der mit einer Art feierlichem Ritual anfängt, hat meistens die Bedeutung einer Warnung vor einer bestimmten Gefahr. So ein feierliches Ritual kann zum Beispiel aus einem Altar bestehen, auf dem langsam ein Feuer angezündet wird, aus Fahnen, die mit Musikbegleitung feierlich gehisst werden, und dergleichen. Es können auch sehr mystische, phantasierte Rituale sein.

- Unbekannte, negative Personen in einem Traum verdienen sorgfältige Aufmerksamkeit, sie sind oft ein Symbol für unerwünschte Aspekte der eigenen Person.

- Bekannte Menschen in einem Traum sind meistens nicht ein Symbol für etwas anderes, sondern offenbaren uns oft verdrängte Gefühle hinsichtlich dieser Person in der jetzigen Situation.

- Die offen auf der Hand liegenden Interpretationen eines Traums sind längst nicht immer die richtigen. Wenn man sich zu schnell mit scheinbaren Selbstverständlichkeiten bei der Erklärung seines Traums zufrieden gibt, können viele wichtige Informationen verloren gehen. Das heißt umgekehrt nicht, dass Sie intuitive Einschätzungen Ihres Traums übergehen sollten.

- Versuchen Sie, in der Phantasie ein Gemälde des Traums zu machen, und geben Sie ihm einen Titel. Betrachten Sie aufmerksam dieses Gemälde, und versuchen Sie, darin eigene Lebensumstände zu entdecken. Durch dieses bedächtige Suchen nach dem Gesamteindruck des Traums und durch den Versuch, diesem Bild einen Namen zu geben, kann manchmal die Bedeutung eines Traums plötzlich klar werden.

An Träume Erinnern

Viele Menschen sind davon überzeugt, dass sie nie träumen. Das ist ein Irrtum. Sie wissen nun, dass jeder von uns etwa vier bis fünf mal pro Nacht träumt. Viele glauben, dass sie nicht träumen, weil sie sich an ihre Träume nicht erinnern können. Es ist aber für jeden möglich, das zu lernen, wenn Sie die folgenden Punkte beachten:

1) Entwickeln Sie Interesse dafür, was in Ihrem Inneren vorgeht. Wenn sie nicht gewohnt sind, ab und zu in Ihr eigenes Inneres zu schauen, fällt es Ihnen auch schwer, Träume, zu registrieren. Lesen Sie etwas über Träume oder beschäftigen sie sich mit ihnen, bevor Sie schlafen gehen.

2) Bleiben Sie nach dem Erwachen kurz in einem Zustand zwischen Schlaf und Wachsein entspannt liegen, sodass Ausschnitte der Traumbilder in Ihr Wachbewusstsein durchdringen können.

Wenn Sie direkt nach dem Wachwerden an praktische Dinge denken, verwischen Sie sofort alle Traumspuren.

3) Wenn es möglich ist, erzählen Sie Ihren Traum direkt einem anderen. Noch besser ist es, den

Traum in Aufnahmegerät zu Diktieren, das Sie neben Ihrem Bett stehen haben. Sie können Ihren Traum natürlich auch sofort in einem Traumtagebuch aufschreiben. Wenn sie sich verstärkt mit Ihren Träumen befassen wollen, ist ein Traumtagebuch unbedingt erforderlich. Sie werden dann schnell bemerken, dass bestimmte Traumthemen regelmäßg, aber in verschiedenen Variationen wiederkehren.

4) Notieren Sie auch Träume, die Sie nicht interessant finden und an die Sie sich nur noch bruckstückhaft erinnern können. Beschreiben Sie nur die Traumbilder, und versuche Sie nicht, diese miteinander zu einer sinnvollen Geschichte zu verbinden.

5) Notieren Sie nicht nur die Bilder und Geschehnisse des Traums, sondern vor allem auch die Gefühle, die Sie während des Traums hatten. Notieren Sie auch das Gefühl, mit dem Sie wach wurden.

Wenn Sie einige Zeit auf die hier beschriebene Art Ihre Träume festhalten, werden Sie merken, dass Sie sich immer einfacher und klarer an Ihre Träume erinnern können.

Kleiner Auszug aus den Biografien der hier meistgenannten Traumanalytiker

Auszüge aus Wikipedia

S. H. Foulkes

S. H. Foulkes (ursprünglich Siegmund Heinrich Fuchs; * 3. September 1898 in Karlsruhe; † 8. Juli 1976 in London) war ein deutsch-britischer Psychiater und Psychoanalytiker, der 1933 wegen seiner jüdischen Herkunft nach Großbritannien emigrieren musste. 1938 nahm er die britische Staatsbürgerschaft und den im Englischen ähnlich klingenden Namen Foulkes an.

Foulkes studierte Medizin an den Universitäten in Heidelberg, München und Frankfurt am Main. Er absolvierte eine psychiatrische Ausbildung bei Otto Pötzl in Wien und eine neurologische bei Kurt Goldstein, dessen Assistent er für zwei Jahre wurde. So lernte er die Gestaltpsychologie kennen, was sich für seine späteren gruppentherapeutischen Ansätze als sehr bedeutsam erweisen sollte. Durch sein Interesse an psychologischen Problemen kam er mit den Werken von Sigmund Freud in Kontakt und zog schließlich nach Wien, wo er sich einer Lehranalyse bei Helene Deutsch unterzog. Sein Kontrollanalytiker war Hermann Nunberg. In Wien nahm er im Rahmen seiner psychoanalytischen Ausbildung auch an dem von Wilhelm Reich geleiteten Technischen Seminar teil. 1930 schloss er sich dem psychoanalytischen Institut in Frankfurt am Main an. Später wurde er für kurze Zeit Leiter des Ambulatoriums des Frankfurter Psychoanalytischen Instituts, das im selben Gebäude untergebracht war wie das später berühmt gewordene Institut für Sozialforschung. Hier kam er in Kontakt mit Max Horkheimer, Theodor W. Adorno, Erich Fromm und Herbert Marcuse. Außerdem war er eng befreundet mit dem Soziologen Norbert Elias. Die Zusammenarbeit mit ihm hatte auf seine später entwickelten therapeutischen Konzepte ebenfalls großen Einfluss. Von ihm übernahm er unter anderem den Grundgedanken der primären Sozialität des Individuums, seiner existentiellen Gruppenbezogenheit und Einbettung in eine transpersonale, kulturelle Matrix. Für kurze Zeit war er Leiter des Ambulatoriums des psychoanalytischen Instituts in Frankfurt. 1933 emigrierte er auf Einladung von Ernest Jones über Genf und Paris nach London und ließ sich als Psychoanalytiker in Exeter nieder. 1938 nahm er die britische Staatsangehörigkeit und den Namen Foulkes an. Im Herbst 1940 erhielt er seine Einberufung ins Militär. Im selben Herbst hatte er die Idee, seine Patienten im Wartezimmer zu versammeln und frei assoziieren zu lassen.[2] Er wusste im Anschluss daran, dass er etwas Neues gefunden hatte. „Heute war ein historischer Augenblick in der Psychiatrie, aber niemand weiß davon".

Sigmund Freud

Sigmund Freud (* 6. Mai 1856 in Freiberg, Mähren als Sigismund Schlomo Freud; † 23. September 1939 in London) war ein österreichischer Neurologe, Tiefenpsychologe, Kulturtheoretiker und Religionskritiker. Er ist der Begründer der Psychoanalyse und gilt als einer der einflussreichsten Denker des 20. Jahrhunderts. Seine Theorien und Methoden werden bis heute diskutiert und angewendet.

Von „Psychoanalyse" sprach Sigmund Freud erstmals im Jahr 1896, und zwar als „dem etwas subtilen Ausforschungsverfahren von Josef Breuer"; diesem war es in der Behandlung von Bertha Pappenheim gelungen, deren Symptome aufzulösen, indem er Pappenheim die eigentlichen Traumatisierungen, die sich hinter ihren Symptomen verbargen, aufspüren und aussprechen ließ. Es ging um die Benennung dessen, was sie tatsächlich an Verletzung, Kränkung, Ekel, Entwertung, Gewalt usw. erlebt hatte, jedoch aufgrund der „guten Erziehung" nicht benennen durfte.

Breuers Vorgehen entsprach ziemlich exakt demjenigen des König Ödipus im Theaterstück von Sophokles: Ödipus durchdringt mit großer Aufrichtigkeit am Ende die wahren Zusammenhänge. Schiller hatte 1797 in einem Brief an Goethe den König Ödipus eine „tragische Analyse" genannt, weil aus der Rückschau die Zusammenhänge aufgelöst werden. Möglicherweise schlug Breuer Freud vor, zur Betonung dieser Parallele das entwickelte Verfahren „Psychoanalyse" zu nennen.

Sigmund-Freud-Stele am Cobenzl in Grinzing
Bis zum September 1897 nannte Freud sein Verfahren mehrfach „Psychoanalyse", hielt aber dabei immerhin an dem Prinzip der Breuerschen Behandlung fest, indem er seine Patienten Gewalterfahrungen erforschen und benennen ließ. Jedoch war er in dieser Zeit einseitig fixiert auf Gewalt sexueller Natur, konkretisiert zuletzt als Vergewaltigung durch den Vater im Alter zwischen zwei und acht Jahren (siehe Verführungstheorie). Diesen Ansatz verwarf er dann im September 1897 (Brief vom 21. September 1897 an Fließ) und verkehrte ihn quasi in sein Gegenteil: Jetzt erwog er, die außer Kontrolle geratenen triebhaften Wünsche und Phantasien des Kindes gegenüber seinen Eltern seien der Ursprung zahlreicher Störungen. Einen Monat später formulierte er gegenüber Wilhelm Fließ (Brief vom 15. Oktober 1897) nach selbstanalytischen Betrachtungen erstmals die These vom „Ödipus-Komplex": Er postulierte das Phänomen unbewusster libidinöser Bindungen an die eigene Mutter bei einem gleichzeitigen Rivalitätsverhältnis zum Vater: „Ich habe die Verliebtheit in die Mutter und die Eifersucht gegen den Vater auch bei mir gefunden und halte sie jetzt für ein allgemeines Ereignis früher Kindheit [...]. Wenn das so ist, so versteht man die packende Macht des König Ödipus".

1895 verbrachte Freud den Sommer bei der Familie Ritter von Schlag in deren Schloss Belle Vue am Cobenzl, oberhalb Grinzings, in Wien. Am 24. Juli enthüllte sich ihm in der Deutung des Traumes von ‚Irmas Injektion‘, wie er es mit einer gewissen Selbstironie in einem Brief an Wilhelm Fließ ausdrückte, „das Geheimnis des Traumes",[30] woran eine Stele mit Inschrift an der Stelle des 1963 abgerissenen Schlosses erinnert.

„Glaubst Du eigentlich, daß an dem Hause dereinst auf einer Marmortafel zu lesen sein wird?: ‚Hier enthüllte sich am 24 Juli 1895 dem Dr. Sigm. Freud das Geheimnis des Traumes‘ Die Aussichten sind bis jetzt hiefür gering."

– Sigmund Freud, 12. Juni 1900

Sigmund Freud auf einer Porträt-Fotografie um 1905 von Ludwig Grillich
Am 4. November 1899 erschien Freuds frühes Hauptwerk, Die Traumdeutung, vordatiert auf 1900. Es folgten in kurzen Abständen die Schriften Zur Psychopathologie des Alltagslebens (1904), Der Witz und seine Beziehung zum Unbewußten (1905) und Drei Abhandlungen zur Sexualtheorie (1905).

Zum 1. April 1902 wurde Freud zum außerordentlichen Titularprofessor ernannt, nachdem seine Patientin Baronin Marie von Ferstel den zuständigen Minister Wilhelm von Hartel mit der Schenkung eines Kunstwerks dazu 'angeregt' hatte.

Im gleichen Jahr gründete Freud die „Psychologische Mittwoch-Gesellschaft", aus der 1908 die Wiener Psychoanalytische Vereinigung hervorging: Alfred Adler, Wilhelm Stekel und andere Kollegen und Schüler versammelten sich jede Woche in seiner Wohnung, um die neue Methode zu erlernen und zu diskutieren. Im Laufe der nächsten Jahre schlossen sich Paul Federn, Carl Gustav Jung, Otto Rank, Sándor Ferenczi und andere dem Kreis um Freud an.

Im Jahre 1908 berief Freud den ersten psychoanalytischen Kongress nach Salzburg ein. Hier kam es zu einem leisen Eklat: Otto Gross, ein Psychiater, der sich schon seit einigen Jahren öffentlich für Freuds Lehre eingesetzt hatte, zog gesellschaftspolitische Schlussfolgerungen aus ihr. Freud, der sich kurz zuvor in seiner Schrift Die ‚kulturelle' Sexualmoral und die moderne Nervosität konträr geäußert hatte, setzte dem entgegen, dass eine Veränderung der Gesellschaft nicht die Aufgabe von Ärzten sei, und sorgte dafür, dass Gross aus der Gruppe gedrängt und aus ihren Annalen getilgt wurde. 1910 gründete Freud die „Internationale Psychoanalytische Vereinigung" (IPV), es folgten 1911 die „amerikanische psychoanalytische Vereinigung" sowie 1919 die „britische psychoanalytische Vereinigung".

Im Jahre 1913 erschien die Schrift Totem und Tabu, in der sich Freud mit dem kulturgeschichtlichen Phänomen des Inzestverbots auseinandersetzte.

1917 stellte er im 18. Kapitel der Vorlesungen zur Einführung in die Psychoanalyse seine Entdeckung der Macht des Unbewussten in eine Reihe mit den Theorien von Nikolaus Kopernikus und Charles Darwin und bezeichnete alle drei Theorien als „Kränkungen der Menschheit".

1920 wurde Freud zum ordentlichen Professor ernannt.

Celia Elizabeth Green

Celia Elizabeth Green (* 26. November 1935) ist eine britische Schriftstellerin, die sich mit philosophischer Skepsis und Psychologie beschäftigt .

Die empirische Arbeit von Green, die zum Teil in Zusammenarbeit mit dem Oxford-Psychologen Charles McCreery durchgeführt wurde , konzentrierte sich hauptsächlich auf halluzinatorische Erfahrungen bei angeblich normalen Menschen.

Im Jahr 1968 veröffentlichte Grün Lucid Dreams , eine Studie der Träume , in denen das Subjekt bewusst ist , dass er oder sie schläft und träumt. Die Möglichkeit bewusster Einsicht in Träumen war zuvor von einigen Philosophen und Psychologen skeptisch behandelt worden . Green verglich jedoch sowohl die zuvor veröffentlichten Berichte aus erster Hand als auch die Ergebnisse von Längsschnittstudien von vier eigenen Probanden. Sie sagte voraus, dass sich luzide Träume mit dem Stadium der schnellen Augenbewegung (REM) des Schlafes korrelieren ließen , eine Vorhersage, die anschließend experimentell bestätigt wurde.

Green spekulierte auch darüber, dass es möglich sein könnte, zwischen dem luziden Träumer und einem Wachbeobachter ein rudimentäres Zweiweg-Signalsystem aufzubauen, eine Möglichkeit, die später unabhängig voneinander von Forschern in zwei verschiedenen Laboratorien realisiert wurde.

Im Jahr 1968 veröffentlichte Green eine Analyse von 400 Berichten aus erster Hand über Erfahrungen außerhalb des Körpers . 1975 veröffentlichten Green und McCreery eine ähnliche Taxonomie von "Erscheinungen" oder Halluzinationen, in denen der Standpunkt des Themas nicht angeblich verdrängt wurde, basierend auf einer Sammlung von 1500 Berichten aus erster Hand.

Green hat die Idee vorgetragen, dass klare Träume, außerkörperliche Erfahrungen und Erscheinungserfahrungen etwas gemeinsam haben, nämlich dass in allen drei Fällen das Wahrnehmungsfeld des Subjekts vollständig durch ein halluzinatorisches ersetzt wird. In den ersten beiden Arten von Fällen hält sie dies für selbstverständlich von der Art der Erfahrung, aber im Falle von Erscheinungen im Wachzustand ist die Idee alles andere als offensichtlich. Die Hypothese und die Beweise und Argumente dafür wurden zuerst in ihrem Buch Apparitions vorgestellt und später in ihrem Buch Lucid Dreaming, dem Paradox des Bewusstseins während des Schlafs , entwickelt, das sie beide zusammen mit McCreery verfasste.

Diese Beschäftigung mit dem Ausmaß des halluzinatorischen Elements in verschiedenen anomalen Wahrnehmungserfahrungen ist ein Hinweis darauf, dass das Hauptinteresse all dieser Erlebnisse für Green in dem Licht liegt, das sie auf die normale Wahrnehmung und auf unsere theoretischen und psychologischen Theorien über diese Wahrnehmung werfen. Vor der Arbeit von Green waren diese verschiedenen halluzinatorischen Phänomene nur für Parapsychologen von Interesse gewesen, die sie mit Blick auf das Sehen untersucht hatten, entweder, ob sie Beweise für eine außersinnliche Wahrnehmung lieferten , oder ob sie die Frage, ob der Mensch etwas aussagen könnte, beleuchten gesagt werden, um den Tod zu überleben.

Calvin Springer Hall

Calvin Springer Hall (* 18. Januar 1909 in Seattle, Washington; † 4. April 1985 in Santa Cruz, Kalifornien) war ein US-amerikanischer Tiefenpsychologe und Traumwissenschaftler. Er war der Sohn des gleichnamigen Bundesrichters Calvin S. Hall.

Hall war 1935 bis 1975 einer der kreativsten Psychologen der USA. Sein maßgebliches Lebenswerk galt ab den 1940er Jahren der Traumdeutung, die er von der Klinik in eine normale, häusliche Atmosphäre brachte, da er erkannte, dass die Menschen zu Hause ganz andere Träume hatten als in der Klinik oder in einem Schlaflabor. Hall begann mit Träumen von Studentenkollegen und hatte am Ende seines Lebens über 50.000 Traumberichte zusammengestellt.

Halls empirische Studien zeigen auf, dass die Träume der verschiedenen Bevölkerungsgruppen auf der Welt sich eher ähneln als unterscheiden, abgesehen von Variationen, die sich aus kulturellen Unterschieden ergeben. Gleichzeitig fand er bei der Häufigkeit der Traumelemente große individuelle Unterschiede. Diese Unterschiede hängen nach Hall mit Umständen des täglichen Lebens, mit der emotionalen Beschäftigung und Interessen zusammen. Hall schlug vor, diesen Faktor als "Bindeglied" (engl. "continuity") zwischen Trauminhalt und Gedanken im Wachzustand zu bezeichnen. Seine Arbeit mit Traumtagebüchern, die er mehrere Jahre lang führte, oder die von ein paar anderen Personen sogar über Jahrzehnte geführt wurden, zeigte eine erstaunliche Beständigkeit, was die Trauminhalte betrifft, auch wenn unbestritten einige Wechsel im realen Leben der träumenden Personen stattfanden.

Halls theoretische, methodische und empirische Studien über Träume außerhalb der Kliniken waren weltweit maßgebend. Auf der Grundlage seiner empirischen Traumstudien entwickelte Hall eine Traumtheorie mit folgenden Hauptpunkten:

Träume drücken "Konzeptionen" des Selbst aus, über Familienmitglieder, über den Freundeskreis, und über die soziale Umgebung aus.
Träume decken Zustände auf über Schwächen, Durchsetzungsfähigkeit, Nicht-geliebt-Sein, Dominanz, und Feindseligkeit.
Hall entdeckte auch eine Theorie der gleichnishaften Traumsymbolik, die sowohl in der Durchschnittsgesellschaft wie in der Dichtung vorkommt.
Zusätzlich zu seinen vielen wissenschaftlichen Traumpublikationen schrieb Hall zwei Volksbücher, Traumdeutungen (orig. Meaning of Dreams, 1953) und Das Individuum und seine Träume (orig. The Individual and His Dreams, 1972). Beide wurden Bestseller.

Carl Gustav Jung

Carl Gustav Jung (* 26. Juli 1875 in Kesswil, Schweiz; † 6. Juni 1961 in Küsnacht/Kanton Zürich), meist kurz C. G. Jung, war ein Schweizer Psychiater und der Begründer der analytischen Psychologie.

Ab 1895 studierte Jung Medizin an der Universität Basel und besuchte zudem Vorlesungen in Jura und Philosophie. In dieser Zeit trat er dem Schweizerischen Zofingerverein bei. In seiner frühen Studienzeit beschäftigte er sich u. a. mit Spiritismus, einem Gebiet, das damals, wie seine Biografin Deirdre Bair 2005 schrieb, «als mit der Psychiatrie verwandt» angesehen wurde. Sein Interesse daran wurde zum einen durch zwei unerklärliche «Poltergeistphänomene» in seinem ersten Studiensemester geweckt: Ein plötzliches Zerreissen eines Tisches und sauberes Zerspringen eines Brotmessers habe er beobachtet. Jung besuchte von 1894 bis 1899 Séancen seiner Cousine Helly Preiswerk, die in Trance mediale Fähigkeiten zu haben schien, sowie zwei Jahre lang, von 1895 bis 1897, die wöchentlichen Séancen eines «Gläser- und Tischrücker-Kreises», der sich um ein fünfzehnjähriges «Medium» gebildet hatte.

Seine Mitarbeiterin Marie-Louise von Franz äusserte dazu mit Bezugnahme auf Jungs Ausführungen über Die psychologischen Grundlagen des Geisterglaubens:

231

«Diese Erfahrung veranlasste ihn, längere Zeit alle Geistererscheinungen überhaupt als autonome, aber prinzipiell persönlichkeitszugehörige ‹Teilseelen› anzusehen.»

Jung spezialisierte sich auf Psychiatrie. Interesse an diesem Gebiet hatte er bereits aufgrund der Aufgaben seines Vaters Paul als Pastor und Konsulent der Irrenanstalt Basel (vermutlich von 1886/87 bis zu seinem Lebensende am 28. Januar 1896). Ausschlaggebend für Jungs Entscheidung war die Lektüre von Krafft-Ebings Lehrbuchs der Psychiatrie für praktische Ärzte und Studierende, in dem Psychosen als «Krankheiten der Person» beschrieben werden, was für Jung «die beiden Ströme meines Interesses» als «gemeinsame[s] Feld der Erfahrung von biologischen und geistigen Tatsachen» verband.

1900 wurde Jung nach seinem Staatsexamen als Assistent von Eugen Bleuler in der Irrenheilanstalt Burghölzli in Zürich tätig. Während dieser Zeit entstand aus seinen Beobachtungen des Phänomens der gespaltenen Persönlichkeit, die er anhand von Protokollen spiritistischer Sitzungen gewonnen hatte, 1902 seine Dissertation Zur Psychologie und Pathologie sogenannter occulter Phänomene. Im Winter 1902/03 assistierte Jung bei Pierre Janet am Pariser Hôpital de la Salpêtrière. Seine Forschungen am Burghölzli über Gehirngewebeproben und seine Arbeit mit der damals populären Hypnose zur Heilung der Symptome psychischer Krankheiten befriedigten Jungs Suche nach dem Entstehen und der Natur von Geisteskrankheiten nicht. Erst die Fortführung der von Wilhelm Wundt entwickelten Assoziationsstudien zusammen mit seinem Kollegen Franz Beda Riklin führten Jung zu einer ersten Antwort. Die Ergebnisse seiner Assoziationsexperimente, verknüpft mit den Überlegungen von Pierre Janet in Paris und Théodore Flournoy in Genf, brachten Jung zur Annahme der von ihm so genannten «gefühlsbetonten Komplexe». Er sah darin die Bestätigung von Sigmund Freuds Theorie der Verdrängung, die ihm die einzig sinnvolle Erklärung für solche sich autonom verhaltenden, aber dem Bewusstsein schwer zugänglichen Gedankeneinheiten war.[

Stephen LaBerge

Stephen LaBerge (* 1947) ist ein amerikanischer Psychologe und Unternehmer. Neben dem 1998 verstorbenen Paul Tholey ist er der führende Forscher auf dem Gebiet der Klarträume.

LaBerge erwarb 1967 seinen Bachelor in Mathematik an der University of Arizona und bekam 1980 den Titel Ph.D. der Psychologie für seine Studie Lucid dreaming: an exploratory study of consciousness during sleep.[1] Seine Hauptarbeit wurde in mehrere Sprachen übersetzt. An der Stanford University war er bis 2003 Research Associate (Postdoktorand) am Department of Psychology. Er leitet das von ihm gegründete Lucidity Institute, das kommerzielle Selbsterfahrungskurse und Geräte vertreibt, die Klarträume hervorrufen sollen (Novadreamer).

LaBerge ist Grundlagenforscher auf dem Gebiet der Klartraumforschung. Unabhängig von Keith Hearne, der dieselben Forschungen betreibt und etwa zur selben Zeit ähnliche Entdeckungen gemacht hat, konnte LaBerge wissenschaftlich im Rahmen seiner Doktorarbeit nachweisen, dass es sich bei Klarträumen um ein reales Phänomen handelt. Der Kern des Experiments bestand in der empirischen Beobachtung seiner Augenbewegungen im Schlaflabor während des Schlafes. LaBerge war immer wieder in der Lage, während seiner luziden Träume ein vereinbartes, unverwechselbares und nicht durch Zufall zu erklärendes Signal durch bewusstes Hin- und Herbewegen seiner Augäpfel zu erzeugen. Dabei befand er sich nachweislich im REM-Schlaf. Damit bewies er zugleich die Scanning-Hypothese. Das Experiment wurde in dieser und ähnlichen Versuchsanordnungen (zum Beispiel das Lösen von sehr einfachen Rechenaufgaben im Traum) später von vielen weiteren Personen erfolgreich wiederholt.

Fritz Perls

Friedrich Salomon „Fritz" Perls – auch Frederick S. Perls – (* 8. Juli 1893 in Berlin; † 14. Mai 1970 in Chicago) war ein Psychiater und Psychotherapeut deutsch-jüdischer Herkunft. Gemeinsam mit Laura Perls und Paul Goodman ist Fritz Perls ein Mitbegründer der Gestalttherapie.

Perls begann nach seinem Abitur am Askanischen Gymnasium im Jahr 1914 Medizin zu studieren. Im Ersten Weltkrieg diente er als Feldarzt. Während des Studiums spielte Perls am expressionistischen Theater bei Max Reinhardt und teilte dessen Forderung nach Wahrheit und Echtheit im Gegensatz zu „jener leeren Schauspielerei, von der das Leben voll ist". 1921 wurde Perls zum Dr. med. promoviert, es folgte eine psychoanalytische Ausbildung. Nach einem kurzen Aufenthalt in den USA begann Perls eine Psychoanalyse bei Karen Horney.

Seit 1926 arbeitete Perls als Assistenzarzt bei Kurt Goldstein. Gemeinsam führten sie Studien an Hirnverletzten durch. Goldstein machte Perls mit der Gestaltpsychologie bekannt, die einen großen Einfluss auf die Entwicklung der Gestalttherapie haben sollte. Während dieser Zeit lernte er Lore Posner, eine Studentin Goldsteins, kennen. 1930 heirateten Fritz Perls und Laura Perls.

1927 begegnete Fritz Perls in Wien Wilhelm Reich und nahm an dessen „technischen Seminaren" teil.

Später, 1930, als Reich sich in Berlin niedergelassen hatte, absolvierte er bei ihm eine etwa zwei Jahre dauernde Lehranalyse, die aufgrund der Emigrationen beider im Januar 1933 abgebrochen wurde. Perls war, wie seine Frau Lore/Laura berichtet, von Reich „absolut fasziniert." Er sei von den vier Therapeuten, die Perls hatte, „mit Abstand der beste" gewesen. Reichs Konzept der Charakteranalyse fand Perls' besonderes Interesse und beeinflusste im weiteren Verlauf die Entwicklung und Ausformung der Gestalttherapie.

Perls entwickelte – in Abgrenzung zur Psychoanalyse – mit seiner Frau Laura Perls und unter Mitarbeit von Paul Goodman die Gestalttherapie. Sie ist ein spezifisches erlebnisaktivierendes Psychotherapieverfahren, bei dem es um die Förderung der Awareness, des Gewahrseins aller gegenwärtigen Gefühle, Empfindungen und Verhaltensweisen, und des Kontakts zu sich selbst und zur Umwelt geht.

1951 erschien das Buch Gestalt Therapy, das er zusammen mit Paul Goodman und Ralph F. Hefferline verfasst hatte. 1952 gründeten Fritz und Laura Perls das Gestaltinstitut in New York. 1953 folgte eine weitere Gründung in Cleveland. Perls entwickelte eine typische experimentelle Arbeitsweise, die rasch Anhänger fand. Zu seinen Kontakten gehörten Judith Malina und Julian Beck, die das Living Theatre aus der Arbeit mit Erwin Piscator entwickelten.

Ab 1960 beschäftigte sich Perls mit existenzieller Psychiatrie und studierte in Japan Zen. 1964 ging er an das Esalen-Institut im kalifornischen Big Sur, einem Begegnungsort der Human-Potential-Bewegung in den 1960er Jahren. Hier führte Perls seine Gestalt-Workshops mit angehenden Psychotherapeuten durch. Durch die Zusammenarbeit mit Steve Andreas, dem Eigentümer des Verlages Real People Press, und dessen Herausgabe des Buches Gestalt Therapy Verbatim im Jahr 1968 konnte die Gestalttherapie in den USA insgesamt an Bekanntheit gewinnen. 1969 gründete Perls dann am Lake Cowichan auf der kanadischen Vancouverinsel eine Gestalt-Gemeinschaft.

1970 starb Perls in Chicago während einer Vortragsreise. Die Grabstätte des Ehepaares befindet sich auf dem jüdischen Friedhof in Pforzheim

Nachwort

Nun sind Sie am Ende angelangt und hoffe, dass ich Ihnen ein paar Aspekte aus psychologischer Sicht über das Träumen vermitteln konnte, ferner was Mobbing sein kann und wie man Unterscheidet an was oder wem es liegt.
Auch in Sachen Liebe und Trennung bekamen Sie einen Einblick, jedoch Denken Sie daran: Es muss nicht bei jedem sein, dass man sich trennt!

Grüße

Jörg Bernhard

Literaturverzeichnis

Aeppli, E.
Browne, S.
Flöttmann, H.
Foulkes, David
Fosar, G.
Freud, Sigmund
Hark, H.
Jung, C. G.
LaBerge, S.
Rinpoche, S.
Ryzl, M.
Schlüter-Taschmann, M.
Varela F.
Vollmar, J. Fiebig, K.
Vollmar, K.

.

Herstellung und Verlag:
BoD – Books on Demand, Norderstedt
ISBN: 978-3-7504-4194-1